# NIÑOS COMO YO

# CELEBRACIONES

## BARNABAS Y ANABEL KINDERSLEY

MARIUCCIA IACONI
SAN FRANCISCO

# Índice

UN LIBRO DORLING KINDERSLEY
Título original: CELEBRATIONS
Copyright ©1997 Dorling Kindersley Limited, London

**Fotografía:** Barnabas Kindersley
**Entrvistas:** Anabel Kindersley
**Diseño:** Rebecca Johns
**Documentación gráfica:** Mollie Gillard
**Traducción:** Diorki
**Coordinación editorial:** Bruno Bucher

MARIUCCIA IACONI

Primera edición, Noviembre de 2001

Dorling Kindersley Limited, Londres, Inglaterra - Copyright © 1997
para los Estados Unidos de América por
Mariuccia Iaconi . 970 Tennessee Street . San Francisco . CA . 94107

ISBN 0-9628720-5-9
Fotomecánica: Colourscan, Singapur, y Mullis Morgan, Reino Unido
Impreso en Hong Kong por L-Rex Printing Company, Ltd.
3,000 ejemplares

# unicef ![logo]

Han transcurrido ya cinco años, más o menos, de la primera y venturosa salida de *Niños como yo*
honrada con la augusta colaboración de S.M. La Reina Doña Sofía, cuyo bello prólogo recoge
el postulado fundamental de que todos los niños y niñas del mundo son sustancialmente
iguales, en sus necesidades básicas y también «en sus temores y preocupaciones, en su rechazo
a la guerra y a la violencia», y que a todos nos concierne la exigencia de esforzarnos por lograr para ellos
un futuro de justicia, solidaridad y amor. Durante este tiempo ha crecido aceleradamente la información
sobre la verdadera situación de la infancia y la juventud en el mundo, con datos lacerantes
sobre antiguos y nuevos quebrantos de sus derechos fundamentales, a pesar del rápido proceso
de ratificación —hasta el punto de constituir un auténtico récord histórico— de la *Convención
de las Naciones Unidas de 1989*. Ello debe avivar la conciencia colectiva para avanzar decididamente
en la puesta en práctica de todas las medidas necesarias (legales reglamentarias y ejecutivas), a fin
de que sea efectivo el invocado principio básico de que todos los menores tienen que disfrutar de iguales
condiciones de vida digna, más allá de diferencias por factores culturales, étnicos, económicos,
territoriales o de cualquier otra índole, a la luz del principio de no discriminación que consagra
el artículo 2.º de aquella Carta Magna. Pero para que eso no quede en un sublime ideal, es necesario
y apremiante que todos los Gobiernos y todas las sociedades civiles se movilicen en una *globalización
de la justicia y la solidaridad;* se dedique el 0,7% de los ingresos públicos·y privados a los programas
de cooperación con los países no industrializados; se cancele su deuda externa; se destruyan las minas
antipersona (que han mutilado a infinidad de criaturas); se reduzcan drásticamente la proliferación
y el comercio de armamento y se impulsen, a ritmo acelerado, las reformas indispensables
en el orden social y económico para lograr una mejor distribución de la riqueza y una erradicación
de la pobreza crítica.
Sólo así se abrirán caminos para que todos los niños, niñas y adolescentes de cualquier lugar
de la tierra *lleguen a ser realmente iguales* y protagonistas activos de una verdadera paz en la justicia,
como UNICEF clama sin cesar y se desvive por conseguirlo.

*[firma]*

Joaquín Ruiz-Giménez
Presidente del Comité español del UNICEF

## UNICEF

UNICEF es una organización internacional fundada en 1946, premio Nobel de la Paz
en 1965, cuyos objetivos en más de 160 países son: «Ayudarte a ti y a todos los niños
del mundo financiando y apoyando programas que mejoren tu salud, tu educación,
tu alimentación, tu desarrollo, tu protección, tu vida.»
Los adultos debemos comprender que: «No hemos heredado el mundo
de nuestros padres, sino que nos lo habéis prestado vosotros, nuestros hijos.»

# Cumpleaños en el mundo

MUCHAS DE LAS CELEBRACIONES que se presentan en este libro son específicas de un país, de una cultura o de una religión determinada. Sin embargo, hay una fiesta especial que casi todos los niños celebran: su cumpleaños. En España, por ejemplo, Alejandra dio una fiesta en una bolera, a la que invitó a sus amigos y compañeros de clase. En casa de Ilkay, en Turquía, prepararon unos dulces riquísimos llamados *profiteroles.* Y algunos niños, como Suman, de la India, y M'sangombe, de Zambia, no celebran su cumpleaños porque no saben exactamente cuándo es.

**FIESTA DE CUMPLEAÑOS**
En muchas partes del mundo, los niños dan una fiesta en la que juegan y comen dulces para celebrar su cumpleaños.

Man Po tiene nueve años, y su cumpleaños es el 18 de noviembre.

Janaina tiene doce años, y su cumpleaños es el 29 de octubre.

M'sangombe cree que tiene diez años, ya que no sabe cuándo nació.

Michal tiene nueve años, y su cumpleaños es el 4 de abril.

Sayo tiene siete años, y su cumpleaños es el 12 de diciembre.

Pratab y Padmini son gemelos, tienen nueve años y su cumpleaños es el 19 de julio.

Matthew tiene siete años, y su cumpleaños es el 2 de marzo.

Matilde tiene siete años, y su cumpleaños es el 22 de enero.

Abi tiene diez años, y su cumpleaños es el 21 de junio.

Sophie tiene ocho años, y su cumpleaños es el 21 de febrero.

Ilkay tiene diez años, y su cumpleaños es el 29 de enero.

Kazu tiene cuatro años, y su cumpleaños es el 6 de abril.

Purim, Día de la Madre
y Flor de Mayo, *Inglaterra*

Fiesta de Santa
Lucía, *Suecia*

Navidad,
*Alemania*

Fiesta de San
Nicolás, *Eslovaquia*

Halloween,
*Canadá*

Fête des
Mères,
*Francia*

Hina Matsuri y
Kodomono-hi, *Japón*

Hanuká y Acción
de Gracias, *Estados
Unidos*

Epifanía,
*España*

Año Nuevo chino,
*Hong Kong*

Día de Difuntos,
*México*

Çocuk
Bayrami,
*Turquía*

Trung Thu,
*Vietnam*

Carnaval,
*Brasil*

Raksha
Bandhan,
Holi
y Divali,
*India*

Eid al-fitr,
*Jordania*

**POR TODO EL MUNDO**
Barnabas y Anabel viajaron por todo
el mundo durante más de un año para
visitar los países en los que se celebran
algunas festividades de fama mundial.

Fassika,
*Etiopía*

N'cwala,
*Zambia*

Esala Perahera,
*Sri Lanka*

Nishantha tiene 15
años, y su cumpleaños
es el 22 de abril.

Suman cree que tiene
diez años, ya que no está
segura de la fecha exacta
de su nacimiento.

Dalia tiene 11 años,
y su cumpleaños es
el 9 de marzo.

Vân tiene doce años,
y su cumpleaños es
el 21 de enero.

Alex tiene diez años,
y su cumpleaños es
el 7 de junio.

Diego tiene ocho años,
y su cumpleaños es
el 12 de noviembre.

Luke tiene seis años,
y su cumpleaños es
el 4 de junio.

Sonu tiene once años,
y su cumpleaños es
el 10 de noviembre.

Isabel tiene siete años,
y su cumpleaños es
el 26 de agosto.

Matús tiene siete
años, y su cumpleaños
es el 23 de mayo.

Karin tiene nueve
años, y su cumpleaños
es el 4 de junio.

Maria tiene nueve
años, y su cumpleaños
es el 8 de enero.

Alejandra tiene once
años, y su cumpleaños
es el 22 de mayo.

# Primavera

*Gregger*
del Purim

Las fiestas que se celebran durante la primavera tienen en común motivos como la nueva vida, la energía y el crecimiento. Para muchos niños son fiestas alegres y llenas de colorido.

Tarjeta de la
Fête des Mères

## AÑO NUEVO
### CHINO
- Fecha: enero/febrero.
- El Año Nuevo chino se celebra entre el 21 de enero y el 20 de febrero. La fecha exacta se fija según el calendario lunar chino, en el que la luna nueva señala el inicio de cada mes.

## CARNAVAL
- Fecha: febrero.
- Religión: cristiana.
- El Carnaval ofrece una oportunidad para que la gente se reúna y se divierta antes de comenzar la Cuaresma, el periodo en el que los cristianos recuerdan los cuarenta días que Jesús pasó en el desierto.

## N'CWALA
- Fecha: febrero.
- Lugar: Zambia.
- La tribu ngoni, una rama de los zulús de África del Sur, cruzó el río Zambeze en 1835 para establecerse en la actual Zambia. Este festival celebra la buena suerte que desde entonces ha acompañado a la tribu.

## PURIM
- Fecha: marzo.
- Religión: judía.
- La historia de la fiesta se remonta a la época de la reina Ester, que salvó a su pueblo de la masacre planeada por el malvado Amán. Purim significa «suertes», y se refiere a que la elección del día en que los judíos serían asesinados se «echó a suertes».

## HINA MATSURI
- Fecha: tercer día del tercer mes.
- Lugar: Japón.
- En el siglo XII la gente hacía figuras de papel y las arrojaba al agua para librarse de las enfermedades o de la mala suerte. Se cree que las actuales muñecas tienen su origen en aquellas figuras de papel.

## HOLI
- Fecha: febrero-marzo.
- Religión: hindú.
- El Holi se celebra en el día de la luna llena de febrero-marzo, cuando ya se ha recogido la cosecha de trigo. Diversas leyendas hindúes giran en torno a esta festividad.

## DÍA DE LA MADRE
- Fecha: marzo. • Religión: cristiana.
- También denominada Domingo de las Madres, esta festividad que se celebra el cuarto domingo de Cuaresma se remonta a la Edad Media, cuando los habitantes de las aldeas acudían a sus parroquias para asistir juntos a una ceremonia religiosa especial.

## FASSIKA (PASCUA)
- Fecha: marzo/abril.
- Religión: cristiana.
- La Pascua celebra la resurrección de Jesús y es la festividad más importante para los cristianos. Se celebra entre el 21 de marzo y el 25 de abril, dependiendo de la fecha de la luna llena en la Pascua judía.

## FLOR DE MAYO
- Fecha: primer lunes de mayo.
- Lugar: países del norte de Europa.
- Los habitantes del norte de Europa han considerado tradicionalmente el primer día de mayo como la fecha en que comienza la primavera y despierta la vida tras los largos y duros meses de invierno.

Éstos son los niños que iréis encontrando en esta sección del libro.
Todos ellos participan en las festividades que se celebran en sus países durante los meses de primavera.

Man Po, de Hong Kong

Janaina, de Brasil

M'sangombe, de Zambia

Michal, de Inglaterra

Sayo, de Japón

Pratab, de India

Matthew, de Inglaterra

Matilde, de Francia

Abi, de Etiopía

Sophie, de Inglaterra

# Año Nuevo chino

MAN PO TIENE NUEVE AÑOS y vive en Hong Kong. Espera con ilusión el Año Nuevo chino, una de las fiestas más espectaculares del mundo. El Año Nuevo chino comienza el primer día del calendario chino, por lo general en febrero, y los festejos duran quince días. Para muchas familias, éste es un tiempo para hacer regalos y para visitar a los parientes y amigos, aunque lo más característico de estas fiestas es el espectacular desfile que tiene lugar en el centro de la ciudad. Antes de que dé comienzo el Año Nuevo, las familias chinas hacen una limpieza a fondo en sus casas para arrojar de ellas la mala suerte del último año.

### DESFILE EN LAS CALLES

Durante el desfile de Año Nuevo, dragones, leones y muchas más criaturas danzantes serpentean por las calles de Hong Kong ante el asombro de miles y miles de espectadores. La figura del dragón se asocia con la prosperidad y la larga vida, y dentro de su enorme cuerpo de seda puede haber hasta cincuenta bailarines adiestrados en artes marciales que lo retuercen, lo hacen girar y hasta consiguen que sus enormes ojos parpadeen.

### EL NARANJO CHINO

Man Po visita el mercado de flores de Hong Kong con sus padres. En estas fechas, el mercado se llena de gente que va a comprar plantas y flores para que les den buena suerte durante el año que está a punto de comenzar. En especial, se cree que el naranjo chino trae fortuna al que lo posee, ya que este nombre en chino se pronuncia igual que la palabra «afortunado».

El fruto del naranjo chino parece una naranja en miniatura, aunque es más ácido y de color amarillo.

Naranjo chino

### UN INMENSO BUEY

En el año del buey según el calendario chino, esta imponente carroza que representa a ese animal avanza por las calles lanzando humo por la nariz. Durante ese año, las imágenes del buey acompañan a los decorados propios del Año Nuevo en toda la ciudad.

### LA FLOR DEL DURAZNO

Se cree que la flor del durazno (una especie de melocotonero) trae buena suerte, y en los puestos del mercado esta delicada flor se envuelve en papel de seda para que no se estropee.

Mandarinas

### FRUTAS DE VIVOS COLORES

Las mandarinas con hojas se consideran frutas de la buena suerte durante el Año Nuevo debido a sus vivos colores. Y como también se cree que los números impares traen mala suerte, las mandarinas siempre aparecen por parejas.

### FUEGOS ARTIFICIALES EN CASA

Los chinos creen que el ruido espanta tanto a los malos espíritus como a la mala suerte, de modo que Man Po y su familia adornan su casa con fuegos artificiales de plástico, que simbolizan el tremendo estallido de los fuegos artificiales de verdad.

Man Po y su familia compran los fuegos artificiales de plástico a un vendedor ambulante. Después los colocarán en las ventanas o en el portal de su casa para que todo el mundo pueda verlos.

Como a los habitantes de Hong Kong no se les permite lanzar fuegos artificiales de verdad, utilizan unos de plástico para decorar sus casas.

«El traje que llevo aquí es muy tradicional. Está hecho de seda y es precioso.»

恭喜發財

«He escrito *Kung Hei Fat Choy* en chino, que significa "Esperamos que se hagan ricos". Esto es lo que le deseamos a todo el mundo por Año Nuevo. En estos días, mi familia y yo vamos a visitar a nuestros abuelos y les llevamos unos pasteles de arroz que se llaman *lin guo*. Durante estas fiestas suelen regalarnos sobres rojos con diferentes cantidades de dinero, y yo siempre los guardo todos.»

La víspera de Año Nuevo, Man Po exprime unas hojas de lima y añade su extracto al agua de su baño. Así podrá recibir bien limpia el Año Nuevo.

Hojas de lima

Mensaje de buena suerte

Apellido de Man Po

«*Ahorro todo el dinero que me regalan.*»

Sobres de la suerte con dinero

### DINERO DE LA SUERTE
Man Po espera impaciente la mañana del día de Año Nuevo. En esa fecha, sus padres y parientes le regalarán sobres de la suerte con dinero dentro. Todos los niños y las personas solteras reciben ese dinero en unos sobres rojos especiales que llevan escrito su apellido o un mensaje deseándole buena suerte en letras doradas.

*Law pak ko*

*Lin guo*

### DELICIAS FESTIVAS
Durante las celebraciones de Año Nuevo se organizan suculentos banquetes. El primer día de fiesta se evita comer carne como señal de respeto hacia los animales que dan nombre a los años chinos, pero después se puede comer todo lo que se desee. Las comidas favoritas de Man Po son el *law pak ko*, un delicioso pastel de zanahoria blanca con gambas secas, y el *lin guo*, un jugoso pastel de arroz.

El rojo es el color predominante en los vestidos y decorados para el Año Nuevo, ya que los chinos lo relacionan con la alegría y la felicidad.

### EL HORÓSCOPO CHINO
El horóscopo chino viene utilizándose desde hace miles de años para conocer el carácter de las personas y para predecir su futuro. Este horóscopo abarca ciclos de doce años, y cada año está representado por un animal diferente. Man Po nació en el año del conejo, lo que significa que es una niña simpática, obediente y trabajadora. Cuando sea mayor, también espera ser generosa e imaginativa.

**RATA**
Amistoso, inteligente y educado

**BUEY**
Honrado, tranquilo y considerado

**TIGRE**
Competitivo, optimista, con madera de líder

**CONEJO**
Tranquilo, generoso e imaginativo

**DRAGÓN**
Fuerte, enérgico, de gran personalidad

**SERPIENTE**
Elegante, refinado y seguro de sí mismo

**CABALLO**
Amistoso, elocuente y leal

**CARNERO**
Tierno, amable y sensible

**MONO**
Independiente, astuto y sociable

**GALLO**
Franco, valiente y buen compañero

**PERRO**
Honesto y fiel, siempre alerta

**CERDO**
Tranquilo, tolerante y optimista

# Carnaval

TRES DÍAS ANTES DEL MIÉRCOLES DE CENIZA que da inicio a la Cuaresma, en la ciudad brasileña de Río de Janeiro se celebra uno de los carnavales más espectaculares del mundo. Janaina, de doce años, es la Reina de los Tamborileros en el espléndido desfile de Carnaval de una escuela de samba. Catorce de estas escuelas dedican el año entero a elaborar magníficos vestidos y majestuosas carrozas para este magnífico festival. Miles de personas llegan a la ciudad para contemplar ese desfile repleto de colorido, cuyos participantes bailan a lo largo de una de las grandes avenidas de Río a ritmo de samba.

## SENSACIÓN EN LAS CALLES

Mientras muchos brasileños se divierten en los grandes bailes o en las fiestas que se celebran en las calles de la ciudad durante el Carnaval, no hay duda de que el gran acontecimiento es el desfile de las escuelas de samba. Miles de participantes lucen espléndidos vestidos y bailan la samba al son de los tambores a lo largo de la gran avenida. La danza continúa dentro del Sambódromo, un estadio con capacidad para albergar 85.000 espectadores.

«Yo aprendí a bailar la samba fijándome en los bailarines.»

«Todos mis movimientos sirven para contar una historia.»

«Los ensayos del baile para este Carnaval empezaron en diciembre.»

## LA ESCUELA DE SAMBA MANGUEIRA

La escuela de samba Mangueira es la más antigua de todas. Janaina forma parte de la Mangueira do Amanhã para niños y adolescentes. Cada escuela de samba tiene sus colores distintivos y sus propios seguidores. Los colores de la Mangueira son el rosa y el verde, y su símbolo es un árbol de mango.

Símbolo de la Mangueira do Amanhã. El nombre significa «mango del mañana».

## HISTORIAS DE SAMBA

Todos los años se otorga un premio a la mejor escuela de samba, de modo que hay una gran competencia entre ellas. Cada escuela desarrolla su propia historia, su música y su coreografía específicas para el desfile, y los vestidos también se diseñan especialmente para la ocasión. Distintos grupos, llamados *alas,* son los encargados de la narración de las diversas partes de la historia escogida por cada escuela.

Sebastião toca el tambor en el desfile.

## LA ABANDERADA

Cada escuela de samba tiene una abanderada que recibe el nombre de *porta bandeira* y va acompañada por un bailarín varón. Una de las abanderadas de la escuela de Janaina tiene sólo tres años.

Estos tocados de color rojo son para las mujeres bailarinas, llamadas *bainnas.*

## MAGNÍFICOS DISFRACES

Muchas personas que viven cerca de las escuelas de samba colaboran en la elaboración de los disfraces pegando lentejuelas y cosiendo adornos, todo ello en el más absoluto secreto, ya que la historia desarrollada por cada escuela es una incógnita hasta el último momento.

## ESPLÉNDIDAS CARROZAS

Todos trabajan duramente para que su escuela gane la competición. Los miembros de la comunidad dedican casi cuatro meses a realizar esculturas de vidrio y polietileno para adornar las carrozas.

Cada escuela puede contar hasta con ochenta tamborileros.

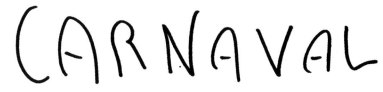

*«Me encanta llevar este tocado de plumas que se parece a los que llevan las grandes bailarinas de la Mangueira.»*

*«No suelo ver mi disfraz de Carnaval hasta el día anterior al desfile, cuando me lo pruebo para ver si me sienta bien.»*

*«Hicieron este traje especialmente para mí, y como veis, está adornado con tiras de bolitas que se agitan mientras bailo.»*

*«La música de samba es tan variada que no tengo ninguna canción favorita.»*

«Mi nombre es Janaina, y pertenezco a la escuela de samba Mangueira do Amanhã. Vivo muy cerca de ella, en una *favela* (que es un poblado de chabolas). He sido bailarina de samba en el Carnaval desde que tenía cinco años. La parte del desfile que más me gusta es cuando bailo por la gran avenida. Entonces me siento realmente feliz, y estoy orgullosa de que nuestro Carnaval sea algo tan grande.»

La leche de coco es una bebida muy popular.

Piña (ananás)

## COMIDAS CARNAVALESCAS

El nombre de *Carnaval* procede de las palabras *carne vale,* que significan «adiós a la carne». Hasta hace poco, los cristianos no podían comer carne durante la Cuaresma, así que se consideraba el Carnaval como la última oportunidad para celebrar fiestas antes de entrar en ese periodo. Los alimentos preferidos de Janaina son la piña, las bolitas de pollo frito y la *linguiça.*

Guaba

*«Todos los lunes ensayamos nuestro papel en el desfile.»*

*Pipoca* (palomitas rosadas)

*Linguiça* (brocheta de salchichas)

Bolita de pollo

*«Después de bailar samba durante horas... ¡me duelen los pies!»*

Camille es la *porta bandeira* en el desfile.

## GRAN PREMIO DE CARNAVAL

Cada noche desfilan siete escuelas de samba. El colorido espectáculo comienza el domingo a las 7 de la tarde y se prolonga hasta bien entrada la noche. La escuela vencedora en el concurso recibe un prestigioso premio y una donación del gobierno para ayudarla a prepararse para el siguiente Carnaval.

# N'cwala

M'SANGOMBE ES UN GUERRERO NGONI de diez años, y vive en la provincia oriental de Zambia. Este año fue elegido para bailar en la ceremonia del N'cwala, que tiene lugar en febrero para celebrar la cosecha. Este festival se basa en la tradición ngoni de ofrecer al gran jefe de toda la tribu las primicias del año. Los doce jefes locales de la provincia oriental acuden con sus mejores bailarines al pueblo de Mutenguleni, en el que se celebra la ceremonia. Cada grupo danza ante el gran jefe, que elige entre ellos a los mejores bailarines guerreros.

### EL JEFE SUPREMO

M'pzeni es el gran jefe ngoni de Zambia Oriental. Se le considera el rey de los ngoni, ya que gobierna sobre los doce jefes locales de las aldeas vecinas, y cada año participa en el N'cwala rodeado de su corte. El gran jefe contempla la fiesta, toma parte en la danza y bebe la sangre de una vaca sacrificada como símbolo del primer alimento de la cosecha y de su bendición para que su pueblo comience a disponer así de alimentos.

### EXHIBICIONES DE DANZAS

La ceremonia del N'cwala tiene lugar en un campo. Cada uno de los doce grupos de bailarines presenta una espectacular danza guerrera para demostrar cómo protegerían al gran jefe ngoni en una guerra.

### DANZA GUERRERA

En el pasado, si además de ser fuerte y valeroso un ngoni demostraba ser un buen bailarín, inmediatamente se le consideraba también un buen guerrero. Por eso M'sangombe se emocionó tanto cuando fue elegido para bailar ante el gran jefe, ya que ello significaba que algún día podría llegar a ser un guerrero respetado.

### PRACTICANDO LA DANZA

La gente comienza a llegar a Mutenguleni el día anterior a la ceremonia, y algunos grupos empiezan a ensayar sus danzas. Durante los ensayos, M'sangombe tiene el privilegio de danzar con M'nukewa, el jefe de su aldea.

«La parte que más me gusta de mi traje ceremonial es mi n'kholi.»

«Repito estos movimientos una y otra vez durante la danza.»

«Este escudo sirve para protegerme..., por ejemplo de las lanzas.»

«En el N'cwala bailo con mi abuelo.»

1 M'sangombe levanta la rodilla derecha, mantiene en alto su n'kholi (bastón) y separa el escudo de su cuerpo.

2 Pisa con fuerza con su pie derecho, dobla las rodillas y baja su n'kholi y su escudo para protegerse.

3 M'sangombe levanta la rodilla izquierda e impulsa su n'kholi hacia arriba.

4 Pisa fuerte con su pie izquierdo mientras acerca a su cuerpo el n'kholi y el escudo.

# N'CWALA

El tocado de M'sangombe está elaborado con crin de cebra pegada a una tira de piel de animal.

«Ésta es la primera vez que he danzado en el N'cwala. Soy el más joven del grupo. Todos mis amigos se han quedado en la aldea. Durante el viaje para asistir al N'cwala me puse muy nervioso. El jefe de mi aldea también viajaba en la camioneta, y aunque no me da miedo, siento mucho respeto hacia él. Si algún día yo llegara a ser jefe me sentiría muy feliz y orgulloso, y cuidaría de mi pueblo durante mi mandato.»

El escudo ceremonial se llama *chishango*. Está elaborado con cuero y pelo de vaca y lleva un palo en su cara interior para asirlo. Antiguamente, la tradición exigía que todo el traje de ceremonia estuviera confeccionado con cuero de vaca.

La prenda de piel de leopardo que M'sangombe luce en torno a los hombros está adornada con tiras, al estilo tradicional de los guerreros.

La prenda que M'sangombe lleva ceñida a la cintura es de piel artificial, aunque casi todos los guerreros usan verdaderas pieles de animales.

*«Mi abuelo me hizo este traje de ceremonia. Cuando era joven, él mismo iba al monte a cazar los animales.»*

Las mujeres dan palmas mientras cantan, creando así un ritmo para la danza guerrera.

Todos los ngoni tienen que llevar un bastón de madera llamado *n'kholi*, que es un signo distintivo del guerrero.

*«Nunca llevo zapatos, ya que estoy acostumbrado a andar descalzo.»*

## LA COMIDA DEL GRAN JEFE
El gran jefe ngoni se instala en una aldea cercana durante el N'cwala. Los aldeanos ceden sus casas para que él y su comitiva se alojen en ellas. Durante la ceremonia, algunas mujeres de las aldeas visitantes preparan una gran olla de estofado de vaca para el gran jefe.

## EL ACOMPAÑAMIENTO DE LAS MUJERES
En el N'cwala, las mujeres ngoni forman un círculo alrededor de los guerreros que danzan, y dan palmas y entonan cánticos para elevar su moral ante la inminente batalla. En sus canciones alaban la fuerza y el valor del grupo de bailarines.

Maíz

## VENTA DE MAÍZ
Uno de los alimentos más habituales en Zambia es el maíz, y son muchos los que cultivan sus propias mazorcas, que suelen cocinar al modo que ellos llaman «comida de maíz». Estas mujeres venden maíz a los asistentes al N'cwala.

# Purim

MICHAL TIENE NUEVE AÑOS. Ella y sus amigos son judíos y viven en Londres, Inglaterra. Durante el mes judío de *adar,* entre febrero y marzo, celebran el Purim. Esta alegre festividad hace referencia a la historia de la reina Ester, que salvó a los judíos de morir a manos de un malvado hombre llamado Amán. Los niños se disfrazan y representan la historia del Purim como si se tratara de un juego. Las familias asisten a una ceremonia religiosa en la sinagoga y, a continuación, disfrutan de unos deliciosos pasteles y panecillos.

*«Me llamo Michal, y aunque aquí voy vestida de* hippy, *me eligieron para que hiciera el papel de Ester en la representación.»*

**INTERCAMBIO DE REGALOS**
Durante el Purim es costumbre intercambiarse regalos. Los niños confeccionan cajitas especiales y las llenan con frutas o dulces. Esta tradición se llama *misloach manot.*

Este año, Adam (que hizo de rey Asuero en la representación) regaló una cajita a Michal.

*«Me llamo Rupert y tengo nueve años. Aunque aquí me veis vestido de James Bond, hice el papel de Mardoqueo.»*

**LA HISTORIA DEL PURIM**
El Purim nos habla de un rey persa llamado Asuero que estaba casado con una mujer llamada Vastí.

**1** Cierto día, Asuero llamó a Vastí, pero ella se negó a presentarse ante él y su corte. El rey, furioso, repudió a Vastí y se casó con una mujer llamada Ester. Asuero no sabía que Ester era judía.

**3** Ester pidió al rey Asuero y a Amán que comieran con ella, y en el banquete les reveló que era judía y que Amán quería matarla a ella y a su pueblo. El rey montó en cólera y, aunque Amán suplicó a Ester que le perdonara la vida, fue condenado a la horca.

**2** El consejero principal del rey era un hombre llamado Amán, que odiaba a los judíos y en especial a un tío de Ester, llamado Mardoqueo, que se había negado a inclinarse ante él. Cuando Amán ordenó matar a todos los judíos, Mardoqueo suplicó a Ester que pidiera clemencia al rey.

Amán se arroja a los pies de Ester pidiéndole perdón.

*«Me llamo Max y voy vestido de capitán de la Fuerza Aérea, aunque en la obra soy Amán. Es el papel que más me gusta, ya que llama mucho la atención del público.»*

# Purim

Matraca
o *gregger*

*Gregger de payaso*

«El Purim es una fiesta de primavera, y la representación de este año fue genial. Teníamos que cantar varias canciones, ¡y tardé tres días en aprendérmelas! Me escogieron para hacer de Ester, ya que al ser una niña sólo podía representarla a ella o a Vastí. Durante el Purim siempre nos disfrazamos, y también llevamos fajines que indican cuál es nuestro papel en la obra. El personaje que más me gusta es el de Amán; es un hombre realmente malvado y todos lo abuchean.»

## ¡EMPIEZA LA REPRESENTACIÓN!

El relato del Purim se encuentra en el Libro de Ester de la Biblia, y a menudo está escrito en un pergamino llamado *Megillat Ester*. Durante la lectura de este relato en la sinagoga, cada vez que se menciona el nombre de Amán los asistentes al templo lo abuchean y silban. Cuando se representa esta historia en la escuela, los niños patalean y agitan sus *greggers* (matracas caseras) al aparecer Amán, pues con ese tremendo ruido pretenden borrar el nombre de este malvado personaje.

Las matracas están hechas de cartón y rellenas de cuentas o botones.

*«Me llamo Adam y tengo ocho años. En la representación soy el rey Asuero, aunque aquí me veáis vestido de agente secreto.»*

*Hamantashen*

## COMIDAS DE FIESTA

Hay dos comidas típicas del Purim: los *hamantashen* son pastelillos con forma triangular, y se supone que representan las orejas de Amán, o también sus bolsillos, y el *purim challah* es un pan trenzado que se rocía con polvo de azúcar de colores o con semillas de amapola. La familia de Michal los compra en la panadería.

*Purim challah*

*«Me llamo Odette, tengo ocho años, y aunque aquí voy disfrazada de Florence Nightingale, en la representación hago el papel de Vastí.»*

# Hina Matsuri

SAYO TIENE SIETE AÑOS y vive en Osaka, Japón. Cada año espera la llegada del 3 de marzo, fecha en que se celebra el Hina Matsuri, un día totalmente dedicado a las muñecas. Casi todas las niñas japonesas poseen una colección de hermosas muñecas que han sido compradas especialmente para ellas o que han pertenecido a su familia durante muchos años y que representan los valores tradicionales japoneses. Las muñecas se consideran demasiado valiosas para jugar con ellas, y están expuestas en la habitación principal de la casa, que suele ser el cuarto del tatami.

### EL SANTUARIO DE AWASHIMA
Los japoneses creen que la enfermedad o la mala suerte de una persona se puede contagiar a una muñeca. Por tanto, todos los años celebran un acto de purificación durante el Hina Matsuri en el santuario de Awashima, cerca de Osaka. Las familias preocupadas por la salud o el bienestar de sus hijos regalan muñecas al santuario, y los sacerdotes sintoístas elevan plegarias especiales antes de lanzar las muñecas al mar en barcas de madera.

### LA CEREMONIA DE LAS MUÑECAS
Grandes multitudes se congregan para presenciar la ceremonia, llamada *Nagashi-Bina* (que significa «expulsar las muñecas al mar»). Las muñecas se colocan en las barcas y, una vez terminadas las plegarias, las embarcaciones se llevan en procesión desde el santuario hasta el cercano mar. Los sintoístas, ataviados con las típicas vestiduras religiosas japonesas, entonan plegarias en su camino hacia el mar.

En las tiendas y puestos ambulantes de todo Japón se venden pequeños modelos de muñecas Hina durante el festival. Algunas contienen caramelos u otras golosinas en su interior.

La gente lleva ramos de flores que también se colocan en las barcas.

Las muñecas se agrupan sobre las barcas.

### LOS PORTEADORES
Cada barca va cargada con centenares de muñecas, y pesan tanto que hacen falta al menos ocho personas para transportarlas.

### LA PURIFICACIÓN
En el embarcadero, antes de lanzar las muñecas al mar, los sintoístas japoneses elevan los tradicionales ritos y plegarias de purificación. Las barcas se atan juntas mediante cuerdas para impedir que se dispersen en el agua.

Las cuerdas sirven para que las barcas se mantengan juntas en el mar.

### BARCAS A LA MAR
Una vez terminadas las plegarias, se colocan las barcas sobre el agua, y a medida que se van distanciando en el mar con su cargamento de muñecas en miniatura, sus propietarios creen que todas las desgracias que hayan sufrido también se alejan con ellas.

Muchas personas creen que las muñecas se van al país de los dioses.

# ひなまつり

«Mis abuelos me regalaron este quimono. Tiene tantas capas que es muy difícil de llevar.»

La muñeca favorita de Sayo es la hermosa emperatriz. Va vestida con el atuendo ceremonial de palacio, que está confeccionado con catorce capas de seda.

«He escrito *Hina Matsuri* en japonés. *Hina* significa "muñequita". Mis abuelos me regalaron mi colección de muñecas cuando nací. Estas muñecas no son para jugar, sino sólo para mirarlas. Soy demasiado pequeña para montar mi exposición de muñecas, ya que son muy valiosas, y por eso es mi madre la que lo hace por mí. Yo la ayudo limpiando la habitación, y cuando tenga catorce años, yo misma montaré la exposición.»

Un tapete rojo de algodón cubre las gradas de la magnífica exposición.

### LA EXPOSICIÓN DE MUÑECAS DE SAYO

Diez días antes del festival, Sayo y su madre limpian la sala principal de su casa y levantan una plataforma de siete gradas. En la grada superior, la madre de Sayo coloca los muñecos del emperador y la emperatriz. Debajo de ellos se pone el resto del personal de palacio.

### EL MOBILIARIO DE LAS MUÑECAS

Una pequeña cómoda lacada con cajones finamente decorados y una mesa con la tradicional vajilla japonesa amueblan las gradas cubiertas por el tapete rojo. Para representar la estación en la que se celebra este festival, se deben incluir un cerezo en flor y un mandarino.

Cerezo en flor     Mesa con vajilla     Cómoda decorada

### DELICIAS TRADICIONALES

Uno de los manjares típicos del Hina Matsuri son los pastelitos de arroz rosado, llamados *mochi,* que se envuelven en pétalos de cerezo (*sakura*). Estas delicias se llaman *sakura mochi*. Los pastelitos y aperitivos diversos se ofrecen primero a las muñecas, y después a los visitantes.

Cesta de aperitivos con muñecas Hina en su parte superior

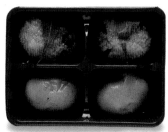

«Estos pastelitos rellenos de crema batida y fresas están riquísimos.»

«*Debo guardar mis muñecas durante el fin de semana siguiente al Hina Matsuri para casarme a la edad apropiada.*»

«Me encanta sentarme a contemplar mis muñecas.»

Sakura mochi

Pratab

# Holi

**KRISNA Y RADHA**
En el Holi, la gente recuerda al dios Krisna y a su amada compañera Radha. Según la leyenda, a Krisna le gustaba gastarle bromas a Radha y a sus amigas las *gopis* (lecheras). Durante el Holi acostumbraba a embadurnarlas con acuarelas y a robar su ropa mientras se bañaban.

PRATAB Y PADMINI SON GEMELOS. Tienen nueve años y viven en Rajastán, al noroeste de la India. Todos los años, los gemelos celebran el Holi, su fiesta de primavera favorita, que tiene lugar a principios de marzo, cuando se recoge la cosecha de trigo. Durante el Holi se recuerdan dos relatos diferentes: uno de ellos se refiere al dios Krisna, y el otro, a Prahlad y al malvado Holika, del que el festival toma su nombre. La noche anterior al Holi, la gente enciende fuegos para limpiar el aire de malos espíritus, y a la mañana siguiente, todo el mundo se embadurna con polvo de brillantes colores y se organiza un gran caos.

Polvo verde

Polvo rosado

Polvo naranja

Polvo amarillo

Polvo rojo

**PUESTOS MULTICOLORES**
Multitud de carretas de madera cargadas con pintura en polvo se alinean en las calles del norte de la India durante el Holi. Estas pinturas reciben el nombre de *gulal*. En el pasado se fabricaban con vegetales y otros tintes naturales, como el azafrán. Actualmente, el polvo se mezcla con elementos químicos para conseguir colores como el malva, el azul, el plata y el dorado. Pratab y Padmini comienzan las fiestas embadurnándose mutuamente con polvo seco de colores antes de pasar a las pinturas al agua.

**ROCIADORES DE AGUA**
Cuenta la leyenda que Krisna utilizaba una jeringa de bronce llamada *pichkari* para empapar a Radha con agua de colores. Hoy día, los niños emplean diversos objetos para este mismo fin, desde botellas de plástico a pistolas de agua o bombas para hinchar las ruedas de las bicis.

*«Me encanta el Holi porque es la única ocasión en que se nos permite ir sucios.»*

Puesto de rociadores de agua

Bomba de bicicleta de Pratab y Padmini

*«Me gusta combinar todos los colores para conseguir una buena mezcla.»*

**DULCES INDIOS**
Las fiestas del Holi terminan por la tarde, y Pratab y Padmini se van a su casa para quitarse toda la pintura de encima. Pasan el resto del día descansando con su familia y comiendo dulces indios, como los *laddu*.

Puesto de venta de *laddu*

El *laddu* se elabora con guisantes majados y jarabe de azúcar.

Padmini

*«No me gusta el color de la plata vieja. Mi tío me lanza polvo de ese color a la cara y tengo que frotarme bien para librarme de él.»*

*«Se tarda por lo menos dos días en eliminar los restos de pintura. Los colores más difíciles de quitar son el rosa brillante y el azul.»*

*«Después de almorzar, da gusto verse limpio de nuevo.»*

*«No me gusta mezclar los colores, prefiero los tonos puros.»*

«Mi hermana Padmini ha escrito *Holi* en lengua hindi. La noche anterior a la fiesta nos pusimos nuestras mejores ropas limpias y contemplamos la fogata. ¡Las llamas eran enormes! A la mañana siguiente nos pusimos de nuevo nuestra ropa de diario para que la otra no se manchara. ¡Y después Padmini y yo nos embadurnamos con polvos de brillantes colores! Jugamos durante horas con nuestros amigos, empapándonos unos a otros.»

La rama de árbol representa a Prahlad.

### LA LEYENDA DE PRAHLAD

Prahlad era el hijo del rey Hiranyakashyap. Este rey quería que sus súbditos le adorasen como a un dios, pero Prahlad se negó a hacerlo y el rey ordenó su muerte. Holika, la malvada hermana del rey, encendió una gran hoguera y condujo a Prahlad a las llamas. Creía tener poderes mágicos para protegerse, pero al final ella murió, y Prahlad se salvó del fuego.

### LAS FOGATAS DEL HOLI

Las familias encienden fogatas en la víspera del Holi para recordar a Prahlad y celebrar que el bien siempre triunfa sobre el mal. Una gran rama de árbol representa a Prahlad, y una vez que surgen las llamas la apartan, como si lo salvaran del fuego.

En los pequeños puestos ambulantes se venden guirnaldas de excremento de vaca seco para las fogatas del Holi. En la India, la vaca es un animal sagrado, y sus excrementos también.

### LUCHA DE AGUA MULTICOLOR

Después de cubrirse mutuamente con polvo de colores, Pratab y Padmini llenan sus bombas de bici con agua teñida de rojo. ¡Entonces empieza la verdadera diversión!

Unas horas más tarde, los gemelos, sus amigos y parientes están tan manchados de rojo que les resulta difícil reconocerse. Eso sí, una vez terminada la diversión, todos van a sus casas para lavarse.

# Día de la Madre

MATTHEW TIENE SIETE AÑOS y vive en Londres, Inglaterra. Todos los años, en el Día de la Madre prepara una preciosa tarjeta y compra un hermoso ramo de flores de primavera. Esta festividad cristiana se celebra el cuarto domingo de Cuaresma, y también se la conoce como el Domingo de las Madres. Antiguamente era un día en el que se suavizaban las rígidas normas de la Cuaresma.

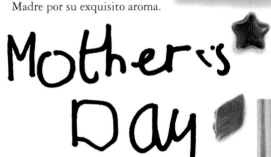

Narcisos

## FLORES PARA EL DÍA DE LA MADRE

Los narcisos de color amarillo abundan en Inglaterra durante la primavera. Matthew los escogió para el Día de la Madre por su exquisito aroma.

Matthew regaló a Katherine, su madre, una caja de deliciosos bombones.

*«Me encantan estos narcisos porque tienen un color muy alegre.»*

*«Me gustaría preparar una taza de té a mi mamá, pero todavía soy demasiado pequeño y puedo quemarme con el agua caliente.»*

*«Después de ir a la iglesia, llevaremos a mamá de picnic al parque de la ciudad.»*

## Mother's Day

*«Celebramos el Día de la Madre porque mamá trabaja mucho. Ella me prepara el desayuno, la comida, la cena, y también lava la ropa, la plancha... Pero, sobre todo, me quiere y me cuida cuando estoy enfermo.»*

Matthew preparó una tarjeta para su madre en el colegio. Utilizó papel de seda para hacer la hilera de narcisos y recortó pequeñas hojitas verdes de papel celofán.

### EN LA IGLESIA
Muchas iglesias de Inglaterra celebran un rito religioso especial el Día de la Madre, y esta costumbre se remonta nada menos que a la Edad Media. Matthew va a la iglesia que está junto a su colegio con Katherine y Richard, sus padres, y su hermano Daniel. En la ceremonia cantan himnos y rezan por todas las madres del mundo.

*«En el Día de la Madre trato de ser bueno y ordenado, y me olvido de revolver todos mis juguetes.»*

# Fête des Mères

MATILDE TIENE SIETE AÑOS y vive en Toulouse, Francia. Todos los años, antes del último domingo de mayo, dedica varios días a dibujar una tarjeta y a ensayar una poesía para dar una sorpresa a su madre. Este domingo de primavera se conoce como Fête des Mères, y brinda a todos los niños y adultos la oportunidad de agasajar a sus madres con regalos y golosinas.

*« Yo llamo mamán a mi madre, que significa "mamá" en francés. »*

*« Papá y yo escondemos nuestros regalos para ella hasta el domingo. »*

Rosas

Tostada con mermelada de grosella negra

Té

**¡MARCHANDO UN DESAYUNO!**
Matilde prepara el desayuno favorito de su madre: una rebanada de pan recién tostado con mermelada de grosella negra y una taza de té.

**DESAYUNO EN LA CAMA**
Normalmente, la madre de Matilde se despierta mucho antes que sus hijos, pero con motivo de la Fête des Mères, es Matilde la que se levanta antes para servirle a su madre el desayuno en la cama. También le recita la poesía y le entrega la tarjeta y unas flores.

## Fête des mamans

« Yo llamo a este día *Fiesta de las Mamás,* y lo he escrito aquí en francés. Mi madre me despierta cada día con un gran beso, pero hoy soy yo la que le lleva el desayuno a la cama, le regalo las flores y una tarjeta y después le recito la poesía en la que le digo cuánto la quiero. »

**DELICIOSO PASTEL**
Matilde fue a su pastelería favorita para comprar este riquísimo pastel para su madre. Lo comerán por la tarde, ya que es demasiado fuerte para tomarlo en el desayuno.

Las rosas son un símbolo de amor, y éste es el ramo que Matilde le ha regalado a su madre este año.

Matilde hizo un dibujo de su madre en la tarjeta que preparó para ella en el colegio.

Matilde ha escrito su poesía favorita y la ha adornado con dibujos de flores.

*« Yo quiero a mamá porque ella me consuela y me anima cuando estoy triste. »*

*« A mamá le encantan los dibujos que hago para ella. »*

21

# Fassika

ABI TIENE DIEZ AÑOS y vive en Addis Abeba, Etiopía. Es cristiano ortodoxo y, para él, la fiesta más importante del año es la Fassika, o la Pascua. En esta fiesta se celebra el día en el que Jesucristo resucitó de entre los muertos después de ser crucificado. Los cristianos de todo el mundo celebran la Pascua, pero los ortodoxos siguen el antiguo calendario ortodoxo, por lo que celebran la Pascua en una fecha posterior a la de los cristianos occidentales.

**LA IGLESIA DE SAN JORGE**
Ésta es la iglesia cristiana ortodoxa (*Tewahido*) a la que asiste Abi. En la víspera del Domingo de Pascua, todos los cristianos asisten a una ceremonia religiosa especial en la que los cánticos y el sonido de los tambores se prolongan hasta primeras horas del día de Pascua.

**LA LUZ DE JESUCRISTO**
Para los cristianos, la llama de una vela representa la luz de Jesucristo. Todos los asistentes a las ceremonias religiosas de Pascua compran velas y las encienden con otras que ya estén ardiendo. Al terminar las ceremonias, los fieles siguen en procesión a los sacerdotes alrededor de la iglesia con sus velas encendidas.

Velas o *twaf*

**VENTA DE VELAS**
El patio exterior de las iglesias se llena de mujeres que venden velas a los fieles. Las velas reciben el nombre de *twaf*, y están elaboradas con finas hebras de algodón unidas con cera.

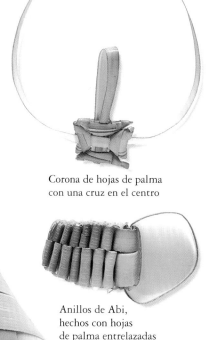

Corona de hojas de palma con una cruz en el centro

Anillos de Abi, hechos con hojas de palma entrelazadas

**DOMINGO DE RAMOS (*HOSAINA*)**
El domingo anterior al de Pascua recibe el nombre de Domingo de Ramos. Esta fecha señala el principio de la Semana Santa, y en ella se celebra la entrada de Jesús en Jerusalén montado sobre un asno. En este día, los etíopes se ponen coronas hechas con hojas de palma en recuerdo de las ramas de palma que el pueblo tendió ante Jesús. Abi se hace una corona especial con una cruz en el centro, y también teje anillos con esas mismas hojas.

**EN LA IGLESIA**
La ceremonia religiosa de Pascua comienza hacia las 8 de la tarde del sábado y se prolonga hasta casi las 3 de la madrugada del domingo. Los fieles, incluidos Abi y su familia, asisten a esta ceremonia completa, en la que los etíopes lucen los tradicionales vestidos blancos llamados *yabesha libs*.

**CEREMONIAS RELIGIOSAS**
Los sacerdotes cantan durante toda la noche plegarias en una antigua lengua etíope llamada ge'ez. A las 10 de la noche, los tamborileros comienzan a tocar rítmicamente sus instrumentos para acompañar estos cánticos, y los fieles los escuchan y los acompañan con oraciones.

*«Me encanta llevar esta corona. La cruz que lleva en el centro me recuerda a Jesús.»*

*«Me gusta la Fassika porque es un día de fiesta.»*

## 𝌆

«Aquí he escrito *Fassika,* que es el nombre de la Pascua etíope. En este día celebramos la resurrección de nuestro Señor Jesús de entre los muertos. Durante casi dos meses antes de la Fassika, mi familia no come carne ni nada que provenga de cualquier animal. Yo todavía soy demasiado joven para ayunar así, aunque tampoco como carne porque en casa no hay. Cuando voy a la iglesia en la víspera de la Pascua, le rezo al Señor. Le pido que me proteja y le doy las gracias por todo.»

### IMÁGENES DE JESÚS
La familia de Abi ha colgado muchas imágenes de Jesucristo en las paredes de su casa. Jesús es muy importante para ellos, ya que creen que es el Hijo de Dios y que los guía y los protege.

*«La parte de la ceremonia religiosa que más me gusta son los cantos.»*

Para la comida de celebración del Domingo de Pascua, Abi y su familia comen *injera* (una gran torta de pan ázimo, hecha con una harina especial llamada *tef*) con un estofado de cordero llamado *beg wot.*

La *injera* se sirve acompañada de un tipo de requesón llamado *aib.*

La *injera* se come también con *dulet* (tripa de cordero picada y condimentada).

Estofado de cordero o *beg wot*

### COMIDA FAMILIAR EN LA FASSIKA
Durante la Cuaresma, los cristianos etíopes no consumen ningún producto animal, como carne, huevos, mantequilla, leche, yogur, crema o queso. Después de asistir a las ceremonias religiosas de Pascua, Abi y su familia regresan a casa para romper el ayuno y, durante la tarde, se sientan a comer para celebrar la fiesta.

La familia de Abi sirve su *dabo* sobre un taburete de mimbre (*mesob*).

### CORTANDO EL *DABO*
Los etíopes preparan un pan llamado *dabo* en los días festivos para ofrecer un pedazo a los visitantes. En la mañana del Domingo de Pascua, si hay un sacerdote en la casa, él será el encargado de cortar el pan después de rezar una plegaria; si no, será el dueño de la casa quien se encargue de hacerlo. Hoy es Abi el que corta el pan al no haber ningún otro hombre en la casa.

*«La camisa que llevo se llama ejetebab. Me gusta llevarla porque está bordada en la parte delantera.»*

# Flor de Mayo

SOPHIE TIENE OCHO AÑOS y vive cerca del pequeño pueblo de Ickwell, en el corazón de la campiña inglesa. El primer día de mayo, Sophie y otros niños de los pueblos cercanos se reúnen para celebrar la Flor de Mayo, la fiesta que marca la llegada de la primavera después de los duros meses de invierno. Es un día lleno de música y de flores, y los niños bailan alrededor de un enorme poste del que cuelgan cintas que también se llama *mayo*.

## EL *MAYO*

Ickwell es uno de los últimos pueblos donde este poste se mantiene en pie durante todo el año. El *mayo* de Ickwell se talló en 1894 a partir de un abeto. En el pasado, era habitual usar mástiles de barcos como *mayos*.

En su dibujo, Sophie ha representado el *mayo* de Ickwell cubierto de cintas de colores.

El día de la Flor de Mayo, la Reina del año anterior desfila por las calles del pueblo antes de ceder su corona a la nueva Reina de Mayo.

## LA REINA DE MAYO

En la fiesta de la Flor de Mayo se elige una Reina para que presida las festividades. Esta Reina recibe su corona en un trono cubierto de flores, y un grupo de niños forma su séquito. Sophie y otros niños del pueblo votan a la niña que les parece más guapa.

*«Primero he colocado estas hermosas hojas verdes en mi guirnalda, ya que el verde es mi color favorito.»*

## DANZAS FOLCLÓRICAS

El día de la Flor de Mayo se llena de alegre música y de danzas folclóricas. Este año, Sophie participó por primera vez en esas danzas. Durante unos tres meses tuvo que practicar en el colegio los diferentes pasos de baile. Dos mujeres que también habían danzado en el festival cuando eran niñas se los enseñaron. En esta fiesta, las niñas bailan la Danza de las Cintas.

## PLAZA DE CUMBERLAND

La danza favorita de Sophie se llama Plaza de Cumberland. Tradicionalmente, un niño debe acompañar a cada niña en este baile, pero como no hay bastantes niños en el colegio de Sophie, su pareja es otra niña llamada Rebecca. Las bailarinas empiezan saludando a sus parejas con una reverencia y después se separan de ellas para formar un círculo con las manos entrelazadas.

*«Primero hacemos una reverencia a nuestra pareja.»*

*«Entrelazamos las manos con nuestras parejas.»*

*«Saltamos en una dirección y después en la otra.»*

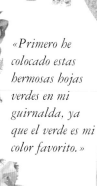

*«El día de la Flor de Mayo llevamos zapatillas de lona o de deporte. Es más fácil bailar con ellas, ya que las suelas de goma evitan los resbalones.»*

# May Day

«Este año soy una de las bailarinas de la fiesta, pero algún día, cuando sea mayor, me gustaría que me eligieran Reina de Mayo. Cuando me desperté el día de la celebración estaba muy nerviosa, así que intenté tranquilizarme cogiendo flores para adornar mi diadema y mi guirnalda. Me encanta la fiesta de la Flor de Mayo porque me recuerda la primavera. Me gustaría celebrar ese día hasta que me haga mayor.»

*«Mi vestido es de tela muy fina para que no me dé calor cuando bailo.»*

Prímula

Jacinto de penacho

Pensamiento

*«Estas flores rojas son las preferidas de mi papá.»*

*«Así trencé las flores en mi diadema.»*

Diente de león

## DIADEMAS DE FLORES
Todas las niñas se hacen sus propias diademas de flores. Sophie tiene suerte, ya que vive en el campo y puede escoger entre cientos de variedades. Trenzar sus flores favoritas en la diadema le llevó mucho tiempo, por lo que tuvo que ponerlas en un cubo con agua para evitar que se marchitasen.

Oreja de oso

*«Una modista confecciona nuestros vestidos, que se guardan en una caja hasta el primero de mayo. Ese día, cada una escoge uno a su medida.»*

## NUEVOS BROTES
Después del frío invierno, cuando los árboles parecen muertos y desnudos, el sol de la primavera hace que aparezcan pequeños brotes en los extremos de cada rama. Estos botones protegen las nuevas hojas, que permanecen encogidas hasta que hayan crecido lo suficiente para desplegarse.

Sophie adornó esta redacción con dibujos de *mayos* y flores.

Entre las flores que Sophie utilizó para decorar su guirnalda había dos clases diferentes de narcisos.

## GUIRNALDAS COLORIDAS
El día de la Flor de Mayo también se celebra un concurso para elegir la mejor guirnalda. Se entrega un aro de madera a todas las niñas y ellas mismas deben decorarlo con flores de primavera. Sophie cubrió su aro con cintas grises y rojas en las que después trenzó muchas flores diferentes.

## DÍA FELIZ
Sophie ha escrito su redacción sobre la Flor de Mayo. En ella describe todo lo que hizo ese día desde que se despertó, incluida la recogida de flores junto con su hermano y las danzas en la plaza de su pueblo.

## UNA TRENZA DE COLORES
Una de las tradiciones más populares de esta fiesta es el entretejido de cintas alrededor del *mayo*. Esta costumbre se inició en Inglaterra en la última década del siglo XIX, y se cree que procede del sur de Europa. A medida que los niños bailan alrededor del *mayo*, las cintas van formando un trenzado como éste, con los colores rojo, blanco y azul. Cuando los niños cambian de dirección, las cintas se destrenzan y recuperan su longitud, lo que simboliza que los días también se van alargando.

## LOS BAILARINES MORRIS
Los bailarines Morris reciben este nombre en recuerdo de los bailarines «moriscos» españoles del siglo XIII, que ennegrecían sus rostros para que los poderes malignos no pudieran reconocerlos. Hoy día, los bailarines Morris no siempre tiznan sus caras, pero sí continúan pateando el suelo, entrechocando sus bastones y agitando sus grandes pañuelos al bailar para representar el triunfo del verano (el bien) sobre el invierno (el mal).

## SOMBRERO FLOREADO
Los bailarines decoran sus sombreros de paja con flores frescas para representar la llegada de la primavera y de una nueva vida.

## BANDAS MULTICOLORES
Los bailarines Morris lucen bandas de diferentes colores llamadas *baldricks*. Los colores de estas bandas indican a qué distrito o ciudad pertenecen los bailarines. Las azules y amarillas corresponden a una ciudad llamada Letchworth.

## CASCABELES BAILARINES
Los bailarines Morris llevan estos cascabeles en los tobillos, y se supone que el sonido que producen cuando los agitan sirve para ahuyentar el mal.

Cometa de carpas

# Verano

Las fiestas de verano tienen en común los relatos sobre días largos, calurosos y con abundante comida. Los niños esperan impacientes esta época en la que pueden pasar el tiempo con su familia y jugar con sus amigos fuera de casa.

Regalos para el Raksha Bandhan

## ÇOCUK BAYRAMI
• Fecha: 23 de abril. • Lugar: Turquía.
• Mustafá Kemal Atatürk, el fundador de la Turquía moderna, reconoció la importancia de los niños para el futuro de su país y decidió dedicarles esta fiesta, que lleva celebrándose desde 1920.

## KODOMONO-HI
• Fecha: quinto día del quinto mes. • Lugar: Japón.
• En esta fecha, las familias hacen volar grandes cometas con forma de carpa desde sus casas. Los japoneses consideran este pez como un símbolo de éxito, y lo usan como ejemplo de las cualidades que deberían desarrollar los niños de su país.

## ESALA PERAHERA
• Fecha: Esala (agosto). • Religión: budista.
• Esta fiesta de Sri Lanka se celebra en honor de la sagrada Reliquia del Diente de Buda con grandes procesiones que se inician desde los santuarios de los dioses hindúes Natha, Visnú, Kataragama y de la diosa Pattini.

## RAKSHA BANDHAN
• Fecha: agosto. • Lugar: India.
• Esta fiesta celebra el amor entre hermanos y hermanas. En ella, una hermana da a su hermano una pulsera de hebras de lana entretejidas llamada *rakhi*. Esta tradición se remonta a unos 500 años atrás, cuando las hermanas ataban *rakhis* en las muñecas de sus hermanos para que los protegieran en las batallas.

## FIESTA MÓVIL

## EID AL-FITR
• Fecha: variable. • Religión: musulmana.
• El calendario musulmán es lunar, lo que significa que cada nuevo mes comienza con la luna nueva. No hay fiestas fijas estacionales, ya que este calendario retrocede a lo largo de las estaciones unos once días cada año. El noveno mes, llamado Ramadán, es sagrado para los musulmanes, durante el cual deben privarse de comer y de beber desde que el sol sale hasta que se pone. Los musulmanes celebran el final de su ayuno con la fiesta de Eid al-fitr, en la que dan gracias a Alá por su ayuda durante el ayuno.

Éstos son los niños que iréis encontrando en esta sección del libro.
Todos ellos participan en las festividades que se celebran en sus países durante los meses de verano.

Ilkay, de Turquía          Kazu, de Japón          Nishantha, de Sri Lanka          Suman, de India          Dalia, de Jordania

# Çocuk Bayrami

ILKAY TIENE DIEZ AÑOS y vive en la ciudad turca de Estambul. Cada 23 de abril, los turcos celebran el Çocuk Bayrami o Fiesta de la Independencia. Esta festividad fue establecida en 1920 por el famoso líder turco Atatürk, y está dedicada a los niños. Los escolares de todo el país se visten con trajes típicos o con disfraces y ofrecen representaciones conmemorativas. El acontecimiento principal tiene lugar en Ankara, la capital de Turquía, donde se invita a los niños de todo el mundo a tomar parte en unas espectaculares demostraciones de canto y baile.

Monumento a Atatürk en Estambul

## ATATÜRK
Mustafá Kemal fue el fundador del moderno Estado de Turquía tras la caída del Imperio otomano en 1913. Se le conoció como Atatürk, que significa «padre de los turcos». Gobernó Turquía durante quince años e introdujo muchas reformas.

Este niño sostiene una rama que representa a los árboles que plantarán los exploradores.

## EXPLORADORES ECOLOGISTAS
Durante el Çocuk Bayrami, los exploradores plantan árboles que sirven para que adultos y niños recuerden los problemas del medio ambiente.

## EN MEMORIA DE ATATÜRK
Poco antes de que comiencen las principales celebraciones del Çocuk Bayrami tiene lugar un acto conmemorativo en memoria de Atatürk. El público deposita flores ante su monumento, canta el himno nacional y guarda un minuto de silencio.

## ESTAMBUL
En Estambul, la ciudad donde vive Ilkay, el estadio nacional de fútbol se convierte en escenario de un gran acontecimiento para los niños, que ofrecen fantásticas demostraciones de canto, poesía y, sobre todo, de danzas en homenaje a los niños y a Atatürk, el fundador de la fiesta.

## TRAJE NACIONAL TURCO
Durante el Çocuk Bayrami, muchos niños turcos lucen el traje nacional y muestran así con orgullo una parte de su cultura. En algunas zonas de Turquía oriental, la población sigue vistiendo este traje, aunque hoy día son muchos los que se inclinan por la ropa occidental.

Sombrero cubierto de lentejuelas o *tepelik*

Camisa blanca o *gömlek*

Chaleco de colores o *yelek*

Pantalón ancho o *salvar*

Este vestido lleva un velo cubierto de lentejuelas o *baslik*.

Esta larga túnica se llama *kaftan*.

Éste es uno de los trajes turcos más típicos.

Traje regional de Artvin, cerca del Mar Negro

Trajes regionales de Sivas, en Turquía central

Traje regional de Erzincan, en Turquía oriental

Traje regional de Artvin, cerca del Mar Negro

Bailarín de Diyarbakir, en el sureste de Turquía

# Çocuk Bayramı

«Vi en la televisión el festival de los niños en Ankara. Vi los bailes de los niños chinos. Me gusta ver lo que hacen los niños de otros países. Hacen que desee visitarlos.»

«Este año, el tema de la función escolar fueron los Juegos Olímpicos. Yo representé a un luchador turco. Me encantan los deportes y me siento muy orgulloso de ser un luchador. Cada año lucimos diferentes trajes para el Çocuk Bayrami, y me he vestido también de oficial de la marina. Sin embargo, el equipo de los luchadores es el que más me gusta. No me hacen regalos en el Çocuk, aunque el hecho de tener un día de fiesta ya es un regalo. En este día recuerdo a Atatürk, el creador de la fiesta.»

«Ésta es una fotografía mía de cuando tenía cinco años. El fajín de colores de mi traje era precioso, ¿verdad?»

### EL TRAJE DE ILKAY
Ilkay ha tomado parte en las celebraciones del Çocuk Bayrami desde que tenía cinco años. Para esta primera representación en su colegio, se vistió con el traje nacional de la región turca del Mar Negro.

«En el Çocuk Bayrami cantamos canciones. Mi favorita habla de Atatürk, que fue el personaje más importante de nuestro país.»

El emblema del traje de luchador de Ilkay es la bandera turca.

*Burma*

### PUESTOS AMBULANTES
A las puertas de los estadios de todas las ciudades de Turquía se venden albóndigas de carne llamadas *köfte*. Las *köfte* están asadas y se sirven con tomate en pan *pide*, que se amasa sin levadura, por lo que no se infla. Este delicioso bocadillo turco es el típico tentempié para cuando se están viendo los festivales.

«El primo de mi madre es un luchador. A mí también me gustaría serlo.»

*Sekarpare*

Vendedor de *simit*

### DELICIAS TURCAS
Otro sabroso tentempié que se vende fuera de los estadios y en las calles de la ciudad es el *simit*. Se trata de un aro de pasta salada recubierto con semillas de sésamo. Muchos asistentes al espectáculo comen también dulces como los *sekarpare* y los *burma*, que están elaborados con pistachos y miel, por lo que resultan algo pringosos.

«Antes del Çocuk Bayrami ensayamos mucho las danzas que vamos a representar.»

La pasta se enrosca y se espolvorea con semillas de sésamo antes de hornearla.

*Simit*

# Kodomono-hi

KAZU TIENE CUATRO AÑOS y vive en la ciudad japonesa de Osaka. Cada año, tanto él como los demás niños japoneses esperan impacientes la llegada del quinto día de mayo, ya que en esa fecha se celebra el Kodomono-hi o Día de los Niños. En este día, las familias con hijos pequeños hacen volar cintas de colores y enormes cometas con forma de carpa. Dentro de sus casas, las familias exponen muñecos guerreros tradicionales y bañan a los niños en hojas de lirio. La principal finalidad de esta fiesta es demostrar a los niños la importancia de tener cualidades como la fortaleza y la determinación.

## COMETAS AL VIENTO

El 5 de mayo, las cintas de colores y las cometas con forma de carpa vuelan por encima de los tejados de todo Japón. Estas cometas están atadas a un gran palo de bambú con un molinete en la punta. Por debajo del molinete, largas tiras de cintas de colores llamadas *fuki-nagashi* ondean al viento. Las cintas y las cometas en forma de carpa simbolizan a la familia: la primera cometa representa al padre, la segunda a la madre y la tercera a un hijo.

El molinete recibe el nombre de *kazagurama*, y gira con el viento.

## LA FIRMA DE LA CARPA

Kazu ha escrito aquí *Koinobori*, el nombre que se les da a las cometas en forma de carpa (*koi* significa «carpa»).

Estas cintas de colores se llaman *fuki-nagashi*, y representan la libertad en la vida.

*«Cuando mi padre y mi madre eran pequeños, las cintas eran de seda, pero las mías están hechas de nailon.»*

*«Atamos nuestras cintas de colores a un palo.»*

Cuando el viento entra por la enorme boca abierta de la carpa, la cometa se hincha y parece como si un pez de verdad estuviera nadando en el aire.

## COMETAS-CARPA

La carpa es un pez fuerte que muestra gran energía y determinación al nadar contra la corriente y al realizar tremendos saltos fuera del agua, por lo que constituye un buen ejemplo para los niños japoneses, que también deberán superar obstáculos para alcanzar el éxito. Hay cometas con forma de carpa de diferentes tamaños y precios, dependiendo de los materiales utilizados en su elaboración. La cometa más grande representa al padre de familia.

## HOJAS DE LIRIO

Los japoneses creen que las hojas de lirio ahuyentan las malas influencias. En el Kodomono-hi, los niños suelen bañarse con hojas de esta planta para protegerse de las enfermedades y hacerse fuertes.

Estas marcas rojas son las escamas del pez.

*«La boca de mi carpa es tan grande que, si fuera de verdad, podría tragarse la cabeza de una persona.»*

*«Para la fiesta me visto con este quimono. Me alegro de no tener que ponérmelo todos los días, porque me queda muy apretado.»*

# こどもの日

«Así es como se pone *Kodomono-hi* en japonés. Mi madre lo escribió por mí y yo lo calqué. Ayudo a mi madre a preparar mis cometas-carpa, aunque todavía soy demasiado pequeño para atarlas al palo. Mi carpa es azul, y me la regalaron cuando nací. Pienso hacerla volar hasta que cumpla los quince años. Lo que más me gusta del Kodomono-hi es cuando comemos los riquísimos pastelitos de arroz.»

Guerrero samuray de Kazu

*«Mis abuelos me regalaron este muñeco samuray cuando todavía era un bebé. Algún día seré tan fuerte como él.»*

Este guerrero samuray lleva ropas de seda y una armadura de papel dorado.

### GUERREROS SAMURÁIS
Al nacer, a los niños japoneses se les regala una colección de muñecos samuray. Los samuráis eran valientes guerreros japoneses, y los muñecos simbolizan que los niños también serán fuertes e intrépidos. En el Kodomono-hi, las familias con hijos exponen sus guerreros ataviados con sus armaduras y sus armas en unas gradas.

### EL *SAKE*
El vino de arroz japonés se llama *sake*. Suele servirse en botellas de cerámica y puede beberse frío o caliente. En la tarde del primer Kodomono-hi de un niño, toda su familia se reúne en la casa para disfrutar de una espléndida comida y beber *sake* en su honor.

Botella de cerámica para *sake*

Los *sasadango* son bolas de masa de alubias envueltas en hojas de bambú.

### DELICIOSOS TENTEMPIÉS
En el Kodomono-hi, todos los japoneses comen pastelitos de arroz llamados *chimaki*. Tienen forma de cono y están envueltos en hojas de bambú. Un aperitivo similar llamado *sasadango* se consume en algunas zonas del norte de Japón.

Las hojas no son comestibles, pero los pastelitos de arroz son riquísimos.

### *KASHIWA MOCHI*
Estas delicias envueltas en hojas de roble son típicas del Kodomono-hi. *Kashiwa* es el nombre de la hoja que envuelve el *mochi* (pastelito de arroz). Kazu, antes de comerse estos apetitosos bocados, se los ofrece a los muñecos.

*Kashiwa mochi*

Pastelitos de arroz

# Esala Perahera

NISHANTHA VIVE EN SRI LANKA y tiene quince años. Es uno de los bailarines en la magnífica fiesta budista del Esala Perahera, que se celebra todos los años en agosto. Más de cien elefantes y miles de acróbatas, bailarines, tamborileros y faquires invaden las calles de la ciudad de Kandy por estas fechas. La posesión más sagrada del país, la Reliquia del Diente de Buda, se hace desfilar por toda la ciudad a lomos de un enorme y viejo elefante. La fiesta se prolonga durante diez noches, y va aumentando en esplendor hasta alcanzar su punto culminante en la noche de la luna llena.

## MALIGAWA TUSKER

El elefante del templo o *Maligawa Tusker* encabeza la procesión durante la noche final, la más espléndida de la fiesta. Este enorme elefante con magníficos colmillos parte de la *Dalada Maligawa* portando una réplica de la sagrada Reliquia del Diente de Buda en un cofre de oro sobre su espalda. Los acompañantes despliegan un tejido de lino blanco delante de la senda del elefante para que sus pies no pisen el suelo, y sostienen un templete sobre el cofre.

El Esala Perahera se celebra durante la estación de las lluvias, cuando abundan las frutas tropicales como éstas.

Plátano

Piña

Papaya

Durante el mes del Esala, estos árboles llamados *casia* están en flor.

## VENTA DE TENTEMPIÉS

Gentes de todo el país viajan hasta Kandy para presenciar el Esala Perahera, y se alinean por millares en las calles de esa ciudad. Los vendedores ambulantes circulan entre la muchedumbre vendiendo apetitosos tentempiés a las familias hambrientas, que pueden pasar horas esperando que empiece la celebración.

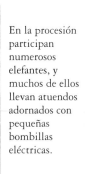

En la procesión participan numerosos elefantes, y muchos de ellos llevan atuendos adornados con pequeñas bombillas eléctricas.

## BAILARINES *VES*

Numerosos grupos de bailarines toman parte en el festival, aunque los más importantes son los *ves*. Estos bailarines lucen pesados tocados de plata hechos a mano, petos de cuentas, cinturones de plata tallada y grandes campanas en los tobillos, y parecen auténticos guerreros armados. Se dice que su atuendo se inspira en el de los dioses.

Los *ves* ofrecen un llamativo espectáculo cuando bailan por las calles.

Cientos de remaches dorados adornan el manto de terciopelo rojo del elefante.

## AJIT, EL BAILARÍN *SAVARAN*

Nishantha y su amigo Ajit lucen ropas muy sencillas para mostrar que son bailarines de la Tierra Baja. Muchos de los que bailan en el festival toman sus nombres de los objetos o de los instrumentos musicales que llevan consigo. Ajit, por ejemplo, es un bailarín *savaran* o «pompón». Al bailar, agita el *savaran* y arrastra los pies al ritmo de los tambores.

*«Comienzo mi danza extendiendo los brazos hacia abajo y agitando mi savaran al ritmo.»*

*«Después agito los brazos hacia mi derecha...»*

*«... y luego hacia mi izquierda.»*

*«Cruzo mi savaran sobre la cabeza y golpeo el suelo con los pies.»*

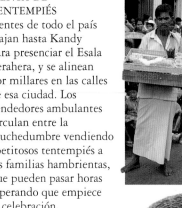

# ඇසළපෙරහැර

«Aquí he escrito *Esala Perahera* en cingalés, la lengua de Sri Lanka. *Esala* es la época del año en que se celebra esta fiesta, y *Perahera* significa "procesión". Yo soy un bailarín *pantheru* ("pandereta") en el festival. Mi sueño es llegar a ser un *ves,* que es el nivel más alto que puede alcanzar un bailarín. No me da miedo que los elefantes puedan pisarme cuando bailo, ya que no me coloco demasiado cerca de ellos.»

El elefante Samaraya tiene cuatro años y toma parte en la procesión desde el *Dalada Maligawa.*

*«Mi* dhoti *(faldellín) tiene cuatro metros de largo.»*

*«Me envuelvo el* dhoti *alrededor de las caderas, lo paso entre mis piernas y saco su extremo por la cintura.»*

## DALADA MALIGAWA

El Templo del Diente o *Dalada Maligawa* se construyó expresamente para albergar la Reliquia del Diente de Buda, y es en esta imponente construcción de techo dorado donde se inicia el festival.

Durante la sexta noche, las *peraheras* o procesiones parten de cada uno de los cuatro santuarios o *devales* de la ciudad de Kandy y se abren paso hacia la *Dalada Maligawa.* Los cuatro santuarios están dedicados a los dioses protectores de Sri Lanka.

Buda

*Dalada Maligawa*

Santuario de Natha

## EL SANTUARIO DE NATHA

Maitreya

El séquito *devale* de Natha camina detrás del de la *Dalada Maligawa.* Se identifica a Natha con Maitreya, «el que va a ser Buda». Cada uno de los elefantes de esta procesión va cubierto con un manto de terciopelo amarillo bordado con imágenes del dios Natha.

## VISNÚ

Santuario de Visnú

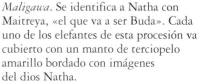

Según los budistas, el dios hindú Visnú es el guardián de Sri Lanka y el señor de los elefantes. Por ello, cada cuidador de elefantes hace que éstos se inclinen como si fueran a rezar cuando pasan por delante del santuario o *devale* de Visnú.

Visnú

Santuario de Kataragama

## KATARAGAMA

Kataragama (o Skanda), el dios de la guerra y de la victoria, es el defensor de Sri Lanka. En la mañana que sigue a la última procesión o *perahera,* se limpia la espada de Kataragama según la tradición del «corte del agua» y la Reliquia del Diente de Buda vuelve a la *Dalada Maligawa.*

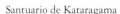

Kataragama

## PATTINI

La diosa Pattini representa la fertilidad y la salud, y sus elefantes van cubiertos con mantos dorados. Es la única procesión en la que participan mujeres, cuyas danzas escenifican relatos de salud y de la vida en la aldea.

Pattini        Santuario de Pattini

# Raksha Bandhan

COMO MILLONES DE HERMANOS Y HERMANAS en todo el norte de la India, Suman, de diez años, y su hermano menor Manoj celebran su amor mutuo cada agosto en una fiesta llamada Raksha Bandhan. La hermana ata una pulsera elaborada con hebras de lana llamada *rakhi* a la muñeca de su hermano, y a cambio, él promete protegerla. Esta tradición se remonta a quinientos años atrás, cuando las hermanas ataban *rakhis* a las muñecas de sus hermanos para que los protegiesen en los campos de batalla.

### ORACIONES MATUTINAS

En la mañana del Raksha Bandhan, Suman y Manoj comienzan el día rezando en su capilla familiar. Sus padres realizan una breve ceremonia religiosa llamada *puja*. Suman y Manoj rezan también todos los días en el colegio. En esta foto están adorando al dios Ganesa y a la diosa Laksmi. Ganesa es el dios de la sabiduría, y se le reconoce por su cabeza de elefante. Laksmi es la diosa de la riqueza y la prosperidad.

### LA CEREMONIA DE LA *PUJA*

Las hermanas realizan la *puja* de Raksha Bandhan después de las oraciones matutinas. Aquí, Suman se sienta frente a su hermano y coloca una bandeja entre los dos.

### BANDEJA DE DELICIAS

Para la ceremonia del Raksha Bandhan se colocan dulces, *rakhis*, una lámpara de aceite y un poco de polvo anaranjado (de cúrcuma o azafrán de las Indias) en una bandeja de acero inoxidable.

En el pasado se usaba azafrán para el *tilak*. Hoy día, las hermanas utilizan polvo de cúrcuma, que es más barato.

Los hinduístas encienden una lámpara de aceite en muchas de sus ceremonias.

*Rakhis* confeccionados por Suman

Pasteles de *laddu*

*«Primero rezo una oración. Después pongo un* tilak *sobre la frente de Manoj y un grano de arroz encima del* tilak.*»*

**1** Suman bendice a su hermano con una marca sagrada llamada *tilak*. El *tilak* es un símbolo del éxito.

*«Ato el* rakhi *a la muñeca de mi hermano. El adorno debe quedar a la vista.»*

**2** Cuando Suman ata la pulsera a la muñeca derecha de su hermano, él promete protegerla.

### SÍMBOLO PROTECTOR

Manoj llevará su *rakhi* hasta que se deshilache y se desprenda de su muñeca. Algunos *rakhis* pueden durar hasta cuatro semanas.

*«Me gusta el* laddu, *pero mi dulce favorito es el* gulab jamun.»

**3** A continuación, los hermanos se intercambian dulces. Suman y Manoj se ofrecen *laddu* el uno al otro.

*«Con las dos rupias que me ha dado Manoj me compraré unos aros y alguna otra joya para la nariz.»*

**4** Al terminar la ceremonia, Manoj regala dos rupias a su hermana Suman.

### EXQUISITOS DULCES

El intercambio de dulces forma parte de todas las fiestas de la India. Durante el Raksha Bandhan, los hermanos se ofrecen *laddu, gulab jamun* y *barfi*. Estos dulces pueden ser caseros o comprarse en tiendas como ésta.

Estos riquísimos dulces contienen arroz o leche de coco.

«El día del Raksha Bandhan nos bañaremos y nos pondremos vestidos nuevos.»

«Creo que Manoj me cuidará cuando yo sea mayor.»

रक्षा बन्धन

«Raksha significa "protección", y Bandhan significa "vínculo". He escrito estas palabras en hindi, la lengua que yo hablo. Lo que más me gusta del Raksha Bandhan es que ataré un rakhi a la muñeca de mi hermano y le daré un laddu. Tengo otra hermana y otro hermanito pequeño, y a él también le daré un rakhi. Me gustan los rakhis de oro muy brillante, pero no sabría hacer uno así. Sólo sé hacerlos con papel y lentejuelas de colores. En la mañana del Raksha Bandhan, rezamos nuestras oraciones. Cuando rezo, pido que mis hermanos y hermanas se mantengan sanos y que jamás les suceda nada malo.»

«Me ato las hebras al dedo gordo del pie para mantenerlas juntas.»

«Después de dar el rakhi a mi hermano, todos saldremos a jugar.»

«Manoj guarda mis dos rupias en su bolsillo.»

Pequeñas lentejuelas de plástico de colores hacen que el rakhi brille.

## LA ELABORACIÓN DE LOS RAKHIS
Normalmente, el padre de Suman compra los rakhis que ella debe entregar a sus hermanos, pero este año, Suman los ha hecho ella misma. Empieza entrelazando cuidadosamente las hebras, y después las adorna con flores de papel amarillo y con lentejuelas brillantes.

## VENTA DE RAKHIS
Cuando se acerca la fiesta de Raksha Bandhan, los escaparates de las tiendas y los puestos del mercado se llenan de centelleantes rakhis. Hay cientos de modelos diferentes para escoger. Algunos están perfumados porque entre sus adornos hay trocitos de madera de sándalo, mientras que otros brillan bajo las luces de las tiendas.

Dalia, vestida para las oraciones

# Eid al-fitr

DALIA ES MUSULMANA, tiene once años y vive en Jordania. Todos los años durante el noveno mes lunar, llamado Ramadán, los musulmanes se abstienen de comer y beber entre la salida del sol y su ocaso, y celebran el final de este periodo de ayuno con el Eid al-fitr, una alegre fiesta que dura tres días. Durante el Eid, los musulmanes organizan grandes comidas, dan alimentos a los pobres, visitan a sus parientes e intercambian regalos.

Según el Corán, sólo las manos y la cara pueden quedar al descubierto durante las oraciones; el resto del cuerpo debe permanecer oculto.

Los musulmanes siempre se descalzan antes de entrar en la mezquita o para rezar.

Esta torre se llama *minarete.* Desde ella, el *muecín* llama a la comunidad a la oración.

## LA MEZQUITA DE DALIA
Muchas mujeres musulmanas suelen rezar en casa, aunque en el primer día del Eid al-fitr, Dalia y el resto de su familia asisten a los rezos especiales en su mezquita local. Dalia y su madre deben entrar en la mezquita por una puerta diferente a la de su padre y su hermano Hasán.

## LA SAGRADA MECA
Para los musulmanes, la ciudad más santa del mundo es La Meca. Está situada en Arabia Saudí, en el corazón de Oriente Medio, y es el lugar donde nació Mahoma. Los musulmanes deben mirar hacia La Meca cuando rezan y, si es posible, tienen que ir allí en peregrinación al menos una vez en su vida.

## ROPA PARA LAS ORACIONES
En la fiesta del Eid, los musulmanes dan gracias a Alá por su ayuda durante el mes del ayuno. Para rezar, Dalia se pone una túnica blanca sobre su ropa de diario. Con ello se muestra que todos son iguales ante Alá.

Como muchos musulmanes, Dalia eleva sus oraciones sobre una esterilla para estar segura de que el espacio en el que reza está limpio.

## PLEGARIAS
Desde la mezquita se llama a los musulmanes a la *salah* u oración. Por lo general, rezan cinco veces diarias, pero en el día del Eid se añade la plegaria especial que se realiza después de ponerse el sol en una mezquita o en un espacio abierto que esté limpio.

«Siempre nos aseguramos de estar limpios cuando rezamos a Alá.»

«Yo rezo en casa durante el Ramadán, pero voy a la mezquita en el Eid.»

«La oración me ayuda a dejar de pensar en la comida.»

**1** Dalia se viste y extiende su esterilla para la oración. Se coloca mirando hacia La Meca y permanece erguida para mostrar que sabe portarse bien ante Alá.

**2** En la segunda posición, Dalia se inclina para mostrar respeto y reverencia a Alá. Recita versículos del Corán, repitiendo al mismo tiempo el nombre de Alá.

**3** En la posición final, Dalia se inclina para representar su completa sumisión a Alá. Sus rodillas, pies, manos y cara deben estar tocando la esterilla.

*«El ayuno nos ayuda a recordar a los pobres que no tienen nada que comer y siempre están hambrientos.»*

*«Me siento feliz al llegar el Eid porque iremos a visitar a mis primos y a mis abuelos, y nos darán regalos y dinero.»*

«Ésta es la palabra árabe *Eid al-fitr,* que significa "interrupción del ayuno". Durante el mes del Ramadán no comemos ni bebemos nada entre la salida y la puesta del sol. El Ramadán termina a la mañana siguiente de la aparición de la luna nueva en el cielo, y éste es el primer día del Eid. Entonces nos levantamos antes de que amanezca, nos bañamos y nos ponemos ropa nueva. Después vamos a la mezquita y rezamos hasta que sale el sol, tras lo cual regresamos a casa y comemos lo que nos apetezca.»

*«Cuando la gente nos visita durante el Eid, les ofrecemos dulces como* ma'moul *y también los caramelos y bombones que hace mi madre.»*

*«Cuando suena el despertador en la mañana del Eid, oigo cómo desde la mezquita se pregonan las palabras "Allah o Akbar" (Alá es el más grande).»*

## LA CASA DE DALIA
Ésta es la casa de Dalia en Amman, la capital de Jordania. Al llegar el Eid, las familias como la de Dalia a veces invitan a personas pobres para que compartan su comida. El Ramadán y el Eid al-fitr son tiempos para recordar a la gente necesitada.

## ROMPER EL AYUNO, DESAYUNO
La palabra *desayuno* significa literalmente «romper el ayuno». Durante la mañana del Eid al-fitr, Dalia y su familia regresan a casa desde la mezquita para tomar un suculento desayuno. En este Eid, Dalia comió *labaneh* con pan y tomillo.

Dátiles

## DÁTILES Y AGUA
El ayuno del Ramadán se llama *sawm* y enseña a los musulmanes que pueden disfrutar de las cosas buenas de la vida, pero sin abusar. Los musulmanes interrumpen su ayuno al atardecer para comer algunos dátiles y beber un vaso de agua, siguiendo así la tradición del profeta Mahoma.

Agua

Hucha

Tarjeta del Eid

## DULCES
Dalia ayuda a su madre a hacer unas pequeñas pastas llamadas *ma'moul* para el Eid. Mezclan harina de sémola, dátiles y pistachos y prensan la masa en un molde para darles su forma distintiva.

Molde de madera

*«En el Eid nos ponemos ropa nueva, y éstos son mis primeros zapatos de tacón alto.»*

*«Nuestros parientes nos regalan dinero durante el Eid, y yo lo guardo todo en esta hucha que ya pesa un montón.»*

La gente se envía tarjetas especiales.

Ma'moul

Los *labaneh* son bolitas de yogur seco.

# Otoño

Cruz hecha
con pétalos de
flor

Las fiestas de otoño tienen en común los temas de la cosecha
y el recuerdo. A medida que las noches van haciéndose más
largas, los niños esperan impacientes sus fiestas favoritas,
y entre tanto van preparando disfraces y máscaras y ayudando
a elaborar las comidas típicas de la época de la cosecha.

Bruja

### TRUNG THU

- Fecha: día 15 del octavo mes lunar.
- Lugar: Vietnam.
- En esta fiesta de mediados de otoño se celebra la
belleza de la luna llena de octubre. Durante esta época
del año se da especial importancia a la luna, ya que con su
brillante luz desvanece la oscuridad de las largas noches.

### HALLOWEEN

- Fecha: 31 de octubre. • Origen: norte de Europa.
- El 1 de noviembre se celebra el Día de Todos
los Santos, y a la noche anterior se la conoce como
Víspera de Todos los Santos o Noche de Halloween.
En las culturas antiguas se creía que, en esta fecha, las
almas de los difuntos y de seres sobrenaturales como espíritus y
brujas visitaban la tierra, por lo que la gente encendía hogueras y se
vestía con ropajes terroríficos para ahuyentar a los malos espíritus.

### DÍA DE DIFUNTOS

- Fecha: 1 y 2 de noviembre. • Religión: cristiana.
- Para muchos mexicanos, esta fiesta establece un
vínculo entre los vivos y los difuntos. Los mexicanos
levantan altares, visitan los cementerios y rezan
a las almas de sus antepasados y parientes difuntos
para que regresen a la tierra de los vivos sólo por una noche.

### ACCIÓN DE GRACIAS

- Fecha: noviembre. • Lugar: Norteamérica.
- El día de Acción de Gracias es la fiesta
más importante en América del Norte,
y conmemora la llegada de los primeros colonos ingleses en 1620.
Muchos de estos colonos murieron durante el primer invierno
en aquellas tierras. Los que sobrevivieron aprendieron a cazar
y a cultivar la tierra al modo de los indios americanos locales, y dieron
gracias a Dios cuando al año siguiente recogieron una excelente cosecha.

Éstos son los niños que iréis encontrando en esta sección del libro.
Todos ellos participan en las festividades que se celebran en sus países durante los meses de otoño.

Vân, de Vietnam          Alex, de Canadá          Diego, de México          Luke, de Estados
Unidos

# Trung Thu

VÂN TIENE DOCE AÑOS y vive en Vietnam. Cada año, el día 15 del octavo mes lunar se une a una multitud de niños que salen a la calle con farolillos encendidos para disfrutar del Trung Thu. En esta fiesta de mediados de otoño se celebra la belleza de la luna, que aparece más brillante y más blanca que en cualquier otra época del año. La fiesta incluye una reunión familiar en la que los padres obsequian a sus hijos con pastelitos de luna y otros deliciosos bocados.

*«La luna aparece llena y brillante, y se pueden ver un montón de estrellas.»*

**EL BRILLO DE LOS FAROLILLOS**
En este día de fiesta, Vân va al mercado con sus padres para comprar un farol con forma de estrella. Estos farolillos representan el brillo de la luna al ser encendidos en la oscuridad de la noche.

Velas para encender los farolillos

Máscara de luna

Máscara de cerdo

**TENDERETES DE MÁSCARAS**
Vân y sus amigos se lo pasan en grande con sus máscaras durante el Trung Thu. En el pasado, los niños se hacían sus propias máscaras, pero ahora prefieren comprarlas. En la calle Hang Ma se alinean coloridos tenderetes con gran variedad de máscaras.

**LA CALLE HANG MA**
Rebosante de vistosos colores, en esta estrecha calle del centro de la ciudad de Hanoi se venden hermosos adornos para el Trung Thu. Los puestos ambulantes están repletos de brillantes farolillos rojos, máscaras multicolores, pistolas de agua y otros muchos juguetes. Durante los días que preceden a la fiesta, la calle es un hervidero de familias que acuden a comprar sus faroles para el Trung Thu.

Quân tiene diez años.

Máscara de diablo

**A NAVEGAR AL LAGO**
Durante el Trung Thu, algunos niños van al lago Hoam Kiem de Hanoi para lanzar a sus aguas pequeños barcos hechos por ellos mismos.

# Trung Thu

«En el Trung Thu, la luna parece una gran bola amarilla, redonda y hermosa. Mi madre me compra pastelitos de luna que comemos en la terraza. Después pongo una vela en el interior de mi farol con forma de estrella, la enciendo y salgo para reunirme con mis amigos y seguir las procesiones por las calles.»

*«El marco está hecho de bambú, y las láminas, de plástico.»*

*«Nuestras canciones hablan de faroles con forma de estrella.»*

Vân

Ha tiene ocho años.

Varillas de incienso

## PASTELES DE LUNA
En casi todas las esquinas de las calles hay puestos en los que se venden pasteles de luna con forma de pez o de flores. Hay dos variedades tradicionales: el *bánh deo* no está horneado y es blanco y pegajoso, mientras que el *bánh nuong* es de color castaño y está cocinado al horno. Los pasteles contienen rellenos tan peculiares como azúcar con carne o huevo.

Pastel de luna

*«Yo prefiero los* bánh nuong *con forma de pez grande.»*

## FAMILIARES DIFUNTOS
El Trung Thu es también una ocasión para recordar a los familiares difuntos. Vân reza por su abuelo mientras enciende varillas de incienso y prende fuego a pequeños paquetes de dinero de mentira en su memoria. El dinero representa la buena suerte que se eleva hasta sus familiares por medio del humo.

Billetes vietnamitas de mentira

## BAILARINES DE UNICORNIO
En las fiestas del Trung Thu suelen participar los bailarines de unicornio, que serpentean por las abarrotadas calles acompañados de tambores y platillos. Esta tradición se originó en China.

# Halloween

ALEX TIENE DIEZ AÑOS y vive en Canadá. Este año, su vecina Megan le ha invitado a su fiesta de Halloween. Ésta es una fiesta muy antigua que se celebra en la última noche de octubre, fecha en la que se creía que las brujas y los espíritus venían a la tierra. Los niños se divierten mucho adornando sus casas y luciendo diferentes disfraces, y al caer la noche van de puerta en puerta asustando a sus vecinos y diciéndoles *Trick or Treat!* («¡regalo o prenda!»).

Alex

Calabazas con velas encendidas en su interior y talladas de modo que parecen sonreír se colocan en las ventanas para alejar los malos espíritus.

## LA CASA DE LOS HORRORES
Transformar la casa en un lugar horroroso forma parte de la diversión. La exposición de Halloween que Alex ha organizado en su jardín es tan terrorífica que todos los niños del barrio vienen a verla.

## TUMBAS CUBIERTAS DE HIERBAS
Dos figuras terroríficas yacen en el césped del jardín de Alex, convertido en un auténtico cementerio. La madre de Alex rellenó sábanas blancas con hojas de otoño y utilizó horripilantes máscaras para sus rostros. Incluso se las arregló para encontrar piedras que parecieran lápidas funerarias.

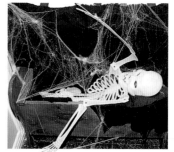

Un ataúd abierto con un esqueleto enredado en una telaraña ofrece una bienvenida espeluznante.

## «BRUJA, BRUJA»
Durante la fiesta, Alex y sus amigos juegan a «bruja, bruja», un juego inventado por su vecina. Cada niño hace de bruja por turnos, mientras los demás forman un corro y cantan una canción típica de Halloween.

La piñata es un juego de cumpleaños de origen mexicano. La madre de Megan decidió hacer una piñata con forma de fantasma para la fiesta de Halloween.

*«Mi madre compró nuestros disfraces en una tienda, aunque a veces los hacemos nosotros mismos.»*

*«El año pasado me disfracé de Bugs Bunny.»*

¡ATRAPA ESA MANZANA!
Las manzanas pueden colocarse en un barreño lleno de agua o colgarse de un árbol. La diversión empieza cuando los jugadores deben morder las manzanas con las manos a la espalda.

## ROMPER LA PIÑATA
La piñata es una figura de cartón rellena de golosinas. Con ayuda de un bastón, cada niño trata de golpear la figura por turnos, hasta que se rompa. Cuando los caramelos de la piñata se derraman por el suelo, los niños se lanzan a recogerlos.

*«Estos cubos-calabaza son geniales para el juego de "¡regalo o prenda!" porque podemos almacenar nuestros regalos en su interior.»*

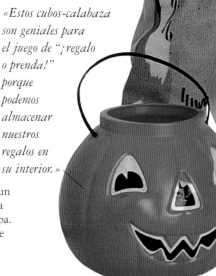

*«A mi hermano Ryan le encantan los Power Rangers. Aquí se ha disfrazado como el personaje de Adam, la rana ninja.»*

# Hallowe'en

«Éste es el día más terrorífico del año. Mi vecina Megan va a dar una fiesta, y yo voy a ir disfrazado de hámster gigante. Me he vuelto así de feo, con estos dientes tan enormes, después de beber sangre de monstruo. En la fiesta jugaremos a mi juego preferido: ¡coger las manzanas con los dientes! Cuando jugamos a "¡regalo o prenda!", todo el mundo nos da chucherías, y mis favoritas son las piruletas.»

El hámster gigante es el protagonista de estos libros terroríficos.

Ryan tiene cinco años.

Golosinas para «¡regalo o prenda!»

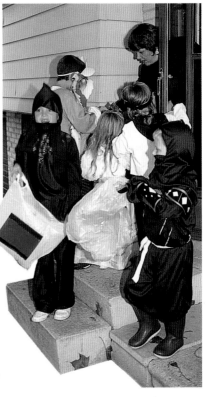

### «¡REGALO O PRENDA!»

Transformados con sus máscaras y disfraces espantosos, en la noche de Halloween los niños van de casa en casa gritando «¡regalo o prenda!» para conseguir regalos y golosinas. Esta tradición proviene de la creencia celta de que los espíritus usarían sus poderes malignos contra las personas que se negaran a satisfacerlos en las fiestas de Año Nuevo.

Antorcha de calavera

En Canadá y Estados Unidos, los que juegan a «¡regalo o prenda!» suelen llevar huchas del UNICEF para ayudar a los niños de todo el mundo.

### UNA FIESTA MUY ANTIGUA

La festividad de Halloween tiene sus orígenes en un antiguo festival celta llamado Samhain que señalaba el final del verano. Como el Halloween actual, era considerado un día de terror en el que las brujas y los malos espíritus merodeaban por la tierra causando daño.

### DISFRACES VARIADOS

A los niños les encanta ponerse diferentes disfraces en Halloween. Brujas y espíritus reflejan los espeluznantes orígenes de esta fiesta, aunque entre los disfraces más populares también hay gatos, princesas y personajes de dibujos animados.

# Día de Difuntos

Diego

DIEGO TIENE OCHO AÑOS y vive
en un pequeño pueblo al este de
México. El día 1 de noviembre, su familia
y las de todo México celebran el Día
de Difuntos. Durante esta fiesta, rezan por
las almas de sus parientes fallecidos para
que puedan volver al mundo de los vivos aunque sea
una sola noche. Levantan altares en sus casas y en
los cementerios y los adornan con alimentos, velas,
calaveras de azúcar y flores de colores para dar
la bienvenida a los difuntos.

*«Cojo flores en el campo
para ponerlas sobre
el altar.»*

## CALAVERAS DE AZÚCAR

En los días que
preceden a esta
festividad, los
escaparates de todo
el país se llenan de
calaveras, ataúdes y
esqueletos elaborados
con azúcar. La gente
compra estos dulces para
ponerlos sobre los altares.

Los nombres de los
parientes difuntos se escriben
con azúcar sobre las calaveras.

## COMIDA PARA LOS DIFUNTOS

Las familias preparan la bienvenida a las almas de los
parientes difuntos que regresan a la tierra. Cocinan
grandes cantidades de comida para que los miembros
vivos de la familia también puedan participar en la
fiesta. Modelos de platos tradicionales
elaborados con azúcar adornan
algunos altares.

*«Mi hermano Juan sostiene
una cruz de azúcar para los
angelitos. »*

Estas *enchiladas* están hechas de
azúcar. Las *enchiladas* son tortas
finas rellenas de carne.

Los mexicanos hacen un tipo de
pan especial para esta festividad;
se llama *pan de muerto* y tiene
la forma de una persona.

Plato de *tacos*
crujientes elaborados
con azúcar

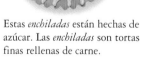

Se pueden escoger
muchos tipos de
calaveras diferentes.

## FLORES PARA LA FIESTA

Los altares de los difuntos deben adornarse
con esmero, y durante la fiesta se venden
numerosas clases de flores de brillante
colorido. La más popular es la caléndula o
*zempasuchitl,* que es la flor
tradicional de los
difuntos.

Las caléndulas naranjas y las
orquídeas púrpuras forman
parte de la variedad
de flores que se venden
en el mercado.

Flores de un rojo
brillante adornan
algunos altares.

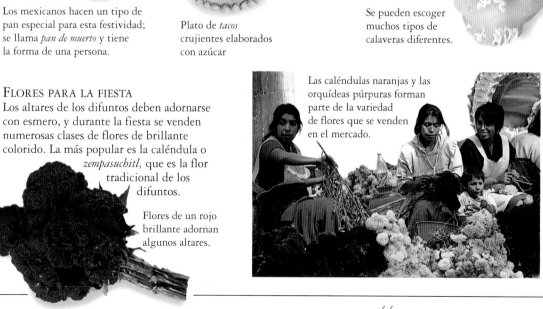

Juan sólo tiene
dos años.

# El día de los muertos

«He escrito en español "El día de los muertos". En esta fiesta recordamos a nuestros familiares, pero no nos ponemos tristes. Ayudé a mi abuela a hacer la comida para los angelitos. Les hicimos sopa de pescado, pero no le pusimos picante porque podrían quemarse la lengua. Para el altar de los mayores, ayudé a mi tío a hacer la forma de un hombre con pétalos de caléndulas.»

*«Mi hermano Doroteo también ha ayudado a coger flores.»*

Diego puso este ataúd sobre el altar para los angelitos.

### LOS ANGELITOS
La mañana de esta fiesta se dedica a los angelitos (los niños que han muerto). Las familias preparan comidas especiales para ellos sin añadirles picante ni otras especias fuertes, y colocan un plato y una vela sobre el altar junto con alguna fruta y otros alimentos que agradarían a los niños.

El *tamal* es una masa de maíz envuelta en hojas y cocida al vapor.

Sopa de queso con pan de maíz

*«Me gustaría tener bananas y mangos sobre mi altar.»*

### ALTARES PARA LOS MAYORES
Por la tarde, las familias reciben las almas de los miembros adultos de la familia. Preparan diferentes comidas con especias para ellos, y también pueden poner sobre el altar una botella de tequila, el típico aguardiente mexicano.

Curry de pescado con especias para los adultos

*«Utilizamos pétalos de caléndulas para adornar el altar de los adultos.»*

### VISITA AL CEMENTERIO
La noche anterior al Día de Difuntos, las familias visitan los cementerios en los que están enterrados sus parientes para limpiar sus tumbas. Como los padres de Diego creen que todavía es demasiado joven para ir al cementerio, él les ayuda a coger flores para adornar las tumbas.

### A LA LUZ DE LAS VELAS
Iluminadas por velas, las tumbas parecen centellear durante la noche. Se compra una vela por cada alma, y se enciende para ayudarla a regresar al mundo de los vivos. Algunas familias se pasan toda la noche junto a las tumbas de sus parientes, pero la de Diego sólo se queda hasta las ocho o las nueve, ya que viven lejos del cementerio.

Doroteo tiene cinco años.

Las velas alumbran la oscuridad del cementerio.

# Acción de Gracias

*«Grace es mi hermanita pequeña, y Faith y Sam son mis primos.»*

LUKE TIENE SEIS AÑOS y vive en Bronxville, Estados Unidos. Todos los años, en el cuarto jueves de noviembre, su familia se reúne al completo para celebrar el día de Acción de Gracias. Con esta fiesta se conmemora la primera cosecha de los colonizadores pioneros, hace casi 400 años, cuando dieron gracias a Dios por haber sobrevivido durante el primer año en su nueva tierra.

Sam tiene cinco años.

### EN CASA DE LA ABUELA
En el día de Acción de Gracias, las familias suelen reunirse en la casa de uno de sus miembros para celebrar una espléndida comida. Nancy, la abuela de Luke, siempre organiza la reunión familiar en su casa de Yonkers, que está cerca de Bronxville, donde vive Luke.

### COMIDA FAMILIAR
Todos los miembros de la familia de Luke contribuyen a la celebración del día de Acción de Gracias cocinando un plato para el gran banquete. La mesa se prepara de manera especial para esta ocasión, con la mejor vajilla, los mejores manteles y velas. Cuando toda la familia ya está sentada frente a la mesa, se reza una oración para dar gracias a Dios por la abundante comida.

*«Nos ponemos nuestra mejor ropa para el día de Acción de Gracias.»*

Bob, el padre de Luke
La tía Fanny
La abuela
El tío Randy
El tío John
El tío Timothy
Faith
Allison, la madre de Luke
El primo Sam
Grace

Luke y su familia celebran su comida de Acción de Gracias al atardecer.

### UN SUCULENTO MENÚ
La comida de Acción de Gracias es abundante, con frutas y verduras otoñales como calabaza, patatas, manzanas y arándanos. Sin embargo, la fiesta no estaría completa si faltara el pavo, que se sirve asado y con salsa de arándanos. El pavo es la más tradicional de las comidas de Acción de Gracias, ya que los primeros colonos tuvieron que cazar pavos salvajes para alimentarse. Las calabazas también formaron parte importante en su dieta, ya fuera como simple verdura o como postre.

Pavo asado

Salsa de arándanos casera

Deliciosas tartas de manzana, de nueces y de calabaza se sirven de postre en la comida de Acción de Gracias.

Tarta de manzana

Puré de boniato

Tarta de calabaza

Tarta de nueces

*«Mi tarta favorita es la de manzana.»*

Faith tiene
ocho años.

Luke

Grace
tiene tres años.

# THANKSGIVING

«En el día de Acción de Gracias damos gracias por todo lo que tenemos. Me encanta que mis primos vengan a la fiesta. Ese día no nos regalamos nada, sólo jugamos. No me gusta la carne, así que no como pavo, aunque ayudo a mamá a preparar el relleno. Pongo todos los ingredientes en un cuenco y después los mezclo.»

## DÍA DE JUEGOS
En este día de fiesta, los niños tienen la oportunidad de jugar con otros miembros de su familia. Aquí, Luke está jugando al Monopoly con sus primos. Luke y su prima mayor, Faith, enseñan a sus hermanitos pequeños cómo se juega.

Luke hizo este dibujo de un pavo para sus padres.

## DECORANDO LA CASA
Muchas familias adornan sus casas para la fiesta de Acción de Gracias, prestando especial atención al decorado de la mesa. Luke tiene esta vela con forma de arándano, e hizo este candelabro con figura de pavo en el colegio. Utilizó una bolsa de papel para hacer el cuerpo, y plumas de colores para las alas.

*«Pinté este pavo de color marrón y dorado y le puse unas cuantas plumas negras.»*

## FIESTA HISTÓRICA
Este libro pertenece a Luke, y en él se explican los orígenes de esta fiesta. En 1621, cuando los primeros colonos llegaron desde Inglaterra, pasaron mucha hambre durante el invierno. Sin embargo, su primera cosecha en la nueva tierra fue buena, y decidieron dar las gracias por ello con una gran fiesta.

Calcetín

# Invierno

Las festividades de invierno tienen en común el recuerdo de la luz y del calor. En esta época, a los niños les encanta encender velas y decorar sus casas con adornos de brillantes colores para iluminar los largos y oscuros días invernales.

*Hanukiya*

### DIVALI

• Fecha: octubre/noviembre. • Religión: hindú.
• Esta festividad está dedicada a Laksmi, la diosa de la prosperidad, y conmemora el retorno del exilio de Rama, el héroe épico del Ramayana. En esta fiesta se encienden lámparas de arcilla llamadas *diye* para iluminar el regreso de Rama y Sita a su reino, donde fueron recibidos como los nuevos soberanos.

### SANTA LUCÍA

• Fecha: 13 de diciembre. • Religión: cristiana.
• Santa Lucía fue una de las primeras mártires cristianas, y es la patrona de la luz y de la claridad, ya que siempre llevaba una corona de velas sobre su cabeza. Su fiesta se celebra en pleno invierno y está destinada a alegrar los largos y oscuros días invernales.

### HANUKÁ

• Fecha: diciembre. • Religión: judía.
• En el año 165 a. C., un pequeño número de judíos llamados Macabeos arrebataron la ciudad de Jerusalén al rey asirio Antíoco IV. Después de purificar el templo, sólo pudieron encontrar aceite suficiente para iluminar el *Hanuká* durante un día, pero, milagrosamente, el aceite duró ocho días.

### SAN NICOLÁS

• Fecha: 6 de diciembre. • Religión: cristiana.
• Esta festividad conmemora el nacimiento de San Nicolás, un obispo católico que fue especialmente generoso con los niños. A diferencia del alegre gordinflón Santa Claus, que visita a los niños con regalos por Navidad, a San Nicolás se le representa como un hombre alto y delgado.

### NAVIDAD

• Fecha: 25 de diciembre-primeros días de enero.
• Religión: cristiana.
• La Navidad es el tiempo en que se celebra en todo el mundo el nacimiento de Jesucristo. Los cristianos creen que Jesús no era un niño como los demás, sino que era el Hijo de Dios, enviado para difundir su palabra.

### EPIFANÍA

• Fecha: 6 de enero. • Religión: cristiana.
• La palabra *epifanía* proviene del griego *epiphaneia,* que significa «aparición». En esta festividad se celebra la llegada de los tres Reyes Magos (o Reyes Sabios) a Belén para adorar al niño Jesús.

Éstos son los niños que iréis encontrando en esta sección del libro.
Todos ellos participan en las festividades que se celebran en sus países durante los meses de invierno.

Sonu, de India     Karin, de Suecia     Isabel, de Estados Unidos     Matús, de Eslovaquia     Maria, de Alemania     Alejandra, de España

# Divali

SONU TIENE ONCE AÑOS y vive en el norte de la India. Cada otoño, antes de la luna nueva, cuando el cielo está más oscuro, Sonu celebra el Divali, la magnífica fiesta de las luces. Esta fiesta dura dos días, y las casas centellean con las lucecitas de unas lámparas de arcilla llamadas *diye* (en singular, *diya),* que se encienden por toda la India para dar la bienvenida al dios hindú Rama. Hace miles de años por esta misma fecha, Rama regresó para reclamar su reino después de pasar catorce años en el exilio. La gente enciende también las *diye* con la esperanza de que Laksmi, la diosa de la prosperidad, visite sus casas.

### CASAS LLENAS DE LUZ
Durante el Divali, las casas de toda la India se adornan con las lamparitas llamadas *diye*. Después de rezar, los niños las colocan por todos los rincones de la casa.

Fuegos artificiales

### VENTA DE FUEGOS ARTIFICIALES
Dos días antes del Divali, la gente limpia a fondo sus casas y compra provisiones para las fiestas. Vistosos puestos en los que se venden fuegos artificiales y dulces se alinean en las calles de todas las ciudades de la India. Muchos de estos fuegos artificiales llevan estampadas imágenes de la diosa Laksmi.

Fuegos artificiales

### INTERCAMBIO DE REGALOS
Los vecinos y amigos se visitan durante el Divali y se intercambian regalos, que suelen consistir en los tradicionales dulces indios de coco, o en pequeñas bolitas de azúcar llamadas *patashe*.

Caja de dulces indios

### AL RICO PASTEL DE ARROZ
Montañas de pequeños pasteles de arroz llamados *khil* se venden por todas partes durante el Divali. ¡Las familias compran *khil* por kilos!, y se los ofrecen a la diosa Laksmi y también a los parientes y amigos a los que van a visitar durante el Divali.

En esta tarjeta de felicitación para el Divali hay una imagen del dios Ganesa.

Bolitas de azúcar o *patashe*

*«Mi abuelo enciende la primera* diya.»

*«Todos ayudamos a encender las* diye, *que deben prenderse con la llama de la primera* diya. *Después, las colocamos por toda la casa.»*

### MECHAS PARA LAS DIYE
El primer día del Divali se llama Choti Divali («pequeño Divali»), y es cuando se enciende la primera *diya*. La madre de Sonu y su hermana mayor hacen las mechas para las restantes *diye* de arcilla entrelazando pequeñas hebras de algodón para formar tiras muy delgadas. Después, colocan las mechas en las lamparitas.

Las *diye* de arcilla dan una luz muy cálida.

El aceite de mostaza mantiene la llama.

Las mechas flotan sobre el aceite.

### RANGOLI DE BIENVENIDA
En el Divali, Sonu y su madre utilizan harina para hacer un *rangoli* delante de la capilla de su casa. El *rangoli* adorna los suelos en todas las casas de los hinduistas durante las festividades para recibir a los visitantes.

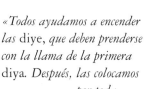

En todas las casas se encienden al menos cincuenta *diye*.

*«Se tardan unos veinte minutos en encender todas las* diye.»

*«Pedimos a Laksmi que nos dé una vida larga y feliz.»*

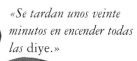

# दीपावली

«La palabra *Divali* proviene de la palabra hindi que he escrito aquí: *Dipavali*. *Divali* significa "fila de luces", y da la casualidad de que hoy también es mi cumpleaños, lo que da mucha suerte. En el Divali nos ponemos ropa nueva o ropa limpia. Por la noche, rezamos a Laksmi y después tocamos los pies de nuestros mayores para demostrarles nuestro respeto. Ofrecemos dulces a Laksmi y, cuando terminamos nuestras plegarias, nos repartimos más dulces.»

Laksmi

### LIBROS NUEVOS
Para los hombres de negocios, el Divali señala el inicio de un nuevo año económico. Entonces se cierran los libros de contabilidad antiguos y se estrenan libros nuevos. Este puesto de libros de contabilidad en Rajastán vende volúmenes al peso, que, como símbolo de buena suerte, llevan impresa una imagen de Laksmi.

### *PUJA* EN HONOR A LAKSMI
Las familias se reúnen para celebrar el Divali y rezar una plegaria o *puja* en honor a Laksmi. En casa de Sonu adornan la capilla con guirnaldas de flores y hacen ofrendas de dulces como *khil* y *patashe*. El cabeza de familia formula las plegarias y después bendice a todos los asistentes a la ceremonia, tras la cual se encienden las *diye*.

Sarasvati     Ganesa

### DIFERENTES DIOSES
Aunque el Divali está dedicado a la diosa Laksmi, son muchos los que rezan también a Ganesa, el dios de la sabiduría y de la buena suerte. Se reconoce fácilmente a Ganesa por su cabeza de elefante. En el Divali, Sonu también venera a Sarasvati, la diosa del conocimiento.

Fuegos artificiales

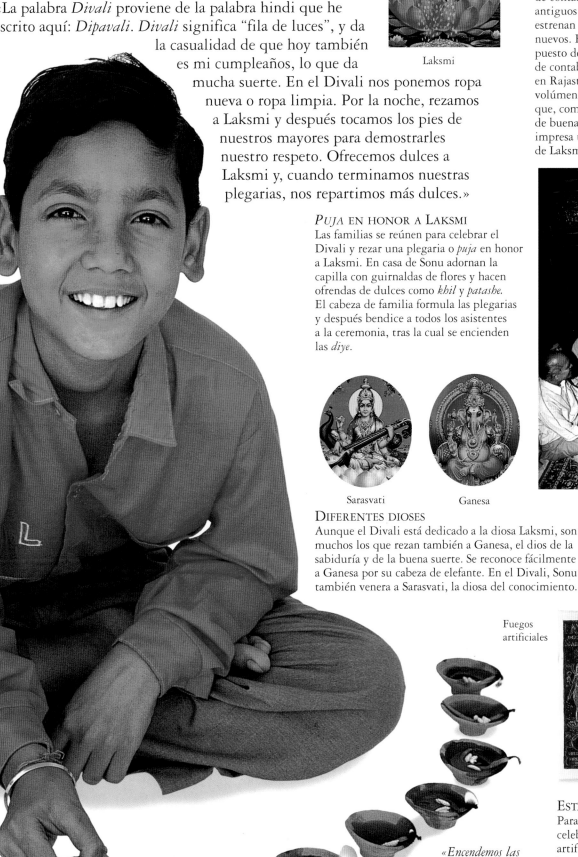

«*Encendemos las* diye *tras la puesta del sol, entre las siete y las siete y media de la tarde.*»

### ESTALLIDOS DE COLOR
Para muchos niños, lo mejor de las celebraciones del Divali son los fuegos artificiales. Después de rezar, Sonu y sus hermanos pequeños llevan los fuegos artificiales al patio. A Sonu le gustan las bengalas y cohetes, aunque sus favoritos son los petardos por el ruido que hacen.

# Hanuká

ISABEL TIENE SIETE AÑOS y vive en la ciudad de Nueva York, en Estados Unidos. Su familia es judía, y todos los años celebran el Hanuká, la fiesta de las luces, el día 25 del mes de *kisleu* (que por lo general suele caer en diciembre). El Hanuká dura ocho días, y en él se enciende el típico candelabro de ocho brazos que los judíos utilizan para recordar el milagro que se produjo cuando se reconquistó y se purificó el templo de Jerusalén hace más de 2.000 años.

**EL *HANUKIYA* DE ISABEL**
Este año, Isabel se ha hecho su propio *hanukiya* de arcilla. Utilizó un palo de madera para la base, moldeó nueve bolas de arcilla blanda, les hizo un agujero en el centro y, una vez secas, las pintó.

Velas para el *hanukiya*

Michael tiene siete años.

**EL *HANUKIYA***
Este complicado candelabro recibe el nombre de *hanukiya*. Sostiene nueve velas, ocho de las cuales representan las ocho noches del Hanuká. La novena vela, que se pone en medio, recibe el nombre de *shamash*, y se usa para encender las otras.

**EL ENCENDIDO DE LAS VELAS**
En la primera noche del Hanuká, Isabel emplea la *shamash* para encender la primera vela. Durante las siete noches siguientes, enciende una vela nueva hasta que, la última noche, arden todas juntas. La vela nueva siempre debe ser la primera en encenderse.

El *hanukiya* suele colocarse en la ventana durante el Hanuká para que la gente pueda verlo.

*«Siempre se me olvida cómo se juega al* dreidl, *pero mi papá me va a enseñar.»*

**MONTONES DE REGALOS**
Algunos niños reciben ocho pequeños regalos, uno por cada una de las noches que componen esta festividad; pero este año, Isabel ha recibido también un obsequio en la primera noche del Hanuká.

El regalo de Hanuká para Isabel

**JUGANDO AL *DREIDL***
Durante el Hanuká se aconseja a los judíos que no trabajen mientras las velas permanezcan encendidas, de modo que dedican el tiempo a divertirse con juegos tradicionales como el *dreidl*. Los participantes en este juego hacen rodar una peonza de cuatro caras y, si ganan, reciben un montón de monedas. Cada lado de la peonza lleva grabada una inicial en hebreo, y esta letra tiene distinto significado dependiendo de dónde se juegue.

Cada jugador hace girar la peonza y, dependiendo de la inicial que saque, tomará todas las monedas que hay en juego, o no cogerá ninguna, o deberá añadir la mitad, o quizá quedarse con la mitad...

Isabel y Michael juegan con monedas de chocolate, aunque los niños también suelen usar pasas o incluso dinero de verdad para este juego.

*«Me encanta jugar al* dreidl, *¡sobre todo si consigo comerme todas las monedas de chocolate!»*

# hanukkah

«En el Hanuká encendemos velas en nuestro *hanukiya*. En casa tenemos dos: uno que hice yo misma con arcilla, y el otro, el verdadero, que es dorado. Anoche vi una cinta de vídeo sobre el Hanuká y esta mañana he llamado a mi abuela, que me ha explicado toda la historia de esta celebración. ¡El Hanuká es una de mis fiestas preferidas! Me gusta hacer pequeñas tarjetas para mis padres, y suelo escribir en ellas "Feliz Hanuká". ¡Pero lo que más me gusta de todo es comerme los *latkes* que prepara mi madre!»

### REUNIÓN FAMILIAR
Como muchas otras festividades, el Hanuká ofrece la oportunidad de reunir a la familia. Cada noche se encienden las velas y se recitan plegarias especiales antes de la comida. Los familiares más cercanos a Isabel son judíos, aunque no rezan antes de las comidas ni antes de encender el *hanukiya*. Este año, Michael, el amigo de Isabel, ha venido a visitarla desde Los Ángeles acompañado de su familia.

«*Me gustan los* latkes *porque se hacen con patata y aceite, y a mí me encantan las patatas.*»

«Bridget *es mi perra.*»

«*A mi papá le chiflan los* latkes. *¡Una vez se comió once!*»

«*Voy a hacerle un regalo a* Bridget *para el Hanuká.*»

### DELICIOSOS *LATKES*
La madre de Isabel prepara *latkes*, un plato típico del Hanuká. Primero ralla algunas patatas y una cebolla y las mezcla con harina y huevo. Después moldea la mezcla en forma de pastelitos y los fríe en aceite de oliva muy caliente, un aceite que representa aquel otro que ardió milagrosamente durante ocho días en el templo.

Isabel

«*A mis* latkes *sólo les pongo crema agria.*»

Los *latkes* se sirven acompañados de compota de manzana y crema agria.

Compota de manzana

Crema agria

«*Mi amigo Michael me ganó en la última partida de* dreidl, *pero yo pienso ganarle en ésta.*»

# San Nicolás

MATÚS TIENE SIETE AÑOS y vive en Eslovaquia. Sólo hay una noche en todo el año en la que Matús está impaciente por irse a dormir: la del 5 de diciembre, víspera de la fiesta de San Nicolás. Esa noche, Matús cuelga de la repisa de su ventana una bota bien limpia, ya que, como todos los niños de Europa oriental, cree que San Nicolás llenará de regalos las botas de los que han sido buenos durante el año.

**¡HOLA, SAN NICOLÁS!**
En la víspera de la Fiesta de San Nicolás, una persona vestida igual que él se presentó en la casa de Matús para regalarles a él y a su hermana Zuzi un paquete de caramelos. Sin embargo, Matús cree que el verdadero San Nicolás visita las casas sólo a medianoche...

*Mikuláš*

Todos los niños reciben un diablo, para mostrarles que a veces se portan mal, y un San Nicolás para recordarles que también son buenos.

Diablo        San Nicolás

«San Nicolás tiene una larga barba blanca. Lleva tirantes rojos, un manto también rojo y un sombrero de obispo. Vuela hasta todas las casas y no necesita que nadie le ayude porque es muy fuerte.»

Este calcetín con un diablo dentro es un adorno de la casa de Matús.

«Este año me desperté muy temprano. Casi no había amanecido, pero pude ver los dulces y frutas que asomaban por mi bota.»

**BOTAS BIEN LIMPIAS**
Los niños eslovacos limpian cuidadosamente una de sus botas para que San Nicolás la llene de regalos. Matús y Zuzi colocan sus botas en la ventana de su habitación, sin olvidarse de dejarla medio abierta para que San Nicolás pueda entrar.

Deliciosos caramelos y bombones de chocolate si te has portado bien.

Bolsa de dulces de San Nicolás

Carbón, patatas, cebollas y diablos si te has portado mal.

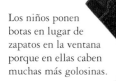

Los niños ponen botas en lugar de zapatos en la ventana porque en ellas caben muchas más golosinas.

Matús adornó su dormitorio con un retrato de San Nicolás.

«También había algunas patatas y carbón en mi bota por haber sido malo.»

# Santa Lucía

EL DÍA 13 DE DICIEMBRE, durante una de las noches más largas y oscuras de invierno en Suecia, se celebra la fiesta de Santa Lucía, la patrona de la luz. Karin, una niña de nueve años, celebra este día encendiendo una vela en honor de Santa Lucía, comiendo *lussekatts* y cantando villancicos. En muchos colegios de todo el país se elige a una alumna para que haga de Santa Lucía y encabece una procesión.

**LA CEREMONIA DE SANTA LUCÍA**
Karin se vistió como Santa Lucía para ir al frente de la procesión de su colegio. Llevaba una túnica blanca muy larga con un fajín rojo y una corona de bronce con velas encendidas sobre su cabeza. Un grupo de compañeras avanzaban tras ella como sus damas de honor.

*Sankta Lucia.*

«Cuando salí en la procesión, el corazón me latía muy fuerte. Tenía que mantener la cabeza erguida, ya que llevaba velas auténticas y podía caerme cera en el pelo. Las velas de la corona que llevo en casa funcionan con pilas, así que no hay peligro.»

La corona de Santa Lucía está hecha con ramitas de arándano agrio y velas. Esta planta de hoja perenne simboliza la nueva vida durante el sombrío invierno.

Las velas encendidas en la corona de Karin forman un brillante halo.

*«Tengo que ponerme un largo vestido blanco con un fajín de color rojo.»*

En los colegios, los niños cantan un villancico especial titulado *Sancta Lucía*.

Karin se pasó dos horas preparando *lussekatts*.

*«Me ato el fajín a la cintura.»*

*Lussekatts*

*«Comemos lussekatts en el desayuno. Están muy ricos, aunque yo les quito las pasas.»*

**RIQUÍSIMOS *LUSSEKATTS***
En Suecia es una tradición comer bollos aromatizados con azafrán y salpicados de pasas durante la fiesta de Santa Lucía. Estos bollos se llaman *lussekatts* (que significa «gatos de Lucía»). Este año, Karin hizo sus propios *lussekatts*.

Para Santa Lucía se suelen comer galletas de jengibre.

# Navidad

«Compramos nuestro árbol en el mercado de Navidad.»

MARIA TIENE NUEVE AÑOS y vive en Stuttgart, Alemania. Sus fiestas preferidas son la de su cumpleaños y la de Navidad, una celebración cristiana que conmemora el nacimiento de Jesucristo. El 24 de diciembre, en Nochebuena, los niños alemanes van a la iglesia y creen que, mientras están en ella, el Niño Jesús visita sus casas para dejarles regalos. Cada hogar alemán se adorna con un abeto verde en Navidad, y Maria decora el suyo con brillantes corazones.

## ESTAMPAS NAVIDEÑAS

Los cristianos creen que Jesús nació hace 2.000 años en un establo, en el pueblo de Belén. Un ángel se apareció a unos pastores en los campos que rodeaban Belén para anunciarles el nacimiento de Jesús, y los pastores fueron enseguida a adorarlo. Tres sabios de Oriente siguieron una estrella que brillaba en el cielo hasta el lugar donde estaba Jesús para ofrecerle regalos.

«Adorné una mitad del árbol, y mi hermana Anna la otra mitad.»

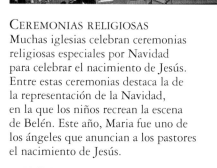

## CEREMONIAS RELIGIOSAS

Muchas iglesias celebran ceremonias religiosas especiales por Navidad para celebrar el nacimiento de Jesús. Entre estas ceremonias destaca la de la representación de la Navidad, en la que los niños recrean la escena de Belén. Este año, Maria fue uno de los ángeles que anuncian a los pastores el nacimiento de Jesús.

«He hecho un dibujo de mi iglesia, que es donde representamos la obra de Navidad.»

## VILLANCICOS

Los villancicos son himnos muy alegres que se cantan en Navidad, y cuentan la historia de esta fiesta. Muchos de ellos tienen cientos de años de antigüedad y a Maria y a su hermana Anna les encanta cantarlos.

«Ésta es la música de Noche de paz. En mi representación de Navidad tuve que cantar mucho rato.»

«Cantamos una canción especial al Niño Jesús antes de abrir nuestros regalos.»

## CHRISTMAS

Las primeras tarjetas de Navidad se imprimieron en Inglaterra en 1843. Hoy día, los cristianos en todo el mundo envían tarjetas de Navidad a sus familiares y amigos para desearles paz y prosperidad.

Corazón de pan de especias

## FIESTA FAMILIAR

El día de Navidad es tradición que las familias y los amigos se reúnan para disfrutar de suculentas comidas calientes que les hagan olvidar el frío y la oscuridad del invierno. Alemania es famosa por su repostería festiva, con sus bizcochos y pasteles sazonados como el bollo de Navidad y el pan de especias. Este día, la familia de Maria come ganso como plato principal.

Bollo de Navidad

Galletas caseras

Pastel de frutas escarchadas

Muñeco de chocolate para decorar el árbol

# Weihnachten

«Así se escribe *Navidad* en alemán. La Navidad es para celebrar el nacimiento de Jesús. Su madre se llamaba María, ¡igual que yo! He escrito una carta al Niño Jesús y la dejaré en la sala de estar. Este año, nuestro árbol de Navidad es muy bonito. El del año pasado tenía muchas agujas secas y pinchaba, pero éste no.»

### CALENDARIO DE ADVIENTO

Maria tiene un calendario de Adviento, y cada día abre una de sus bolsitas numeradas para comerse el dulce que hay dentro.

Maria y Anna utilizaron un papel brillante e hilo para hacer los corazones que adornaban su árbol.

### MERCADO NAVIDEÑO

Una característica especial del Adviento es el enorme mercado de Navidad en Stuttgart, en el que se venden árboles, adornos y alimentos para la fiesta.

### ÁRBOL DE NAVIDAD

En Alemania, la tradición de poner un árbol de Navidad en casa se remonta a la Edad Media, y se eligió un árbol de hoja perenne como símbolo de la vida que nunca se agota. Los adornos recuerdan la historia de la Navidad.

Galletas con forma de estrella

Campanilla para decorar el árbol

Ángel hecho con paja

El adorno favorito de Maria

**Wunschzettel**

Liebes Christkind,
zu Weihnachten wünsche ich mir:

1. einen Kassettenrecorder
2. viele Kassetten: Bibi Blocksberg, Benjamin Blümchen
3. Süssigkeiten für den Kaufladen

Vielen Dank, liebes Christkind.
Ich bin auch ganz lieb gewesen.
Deine Maria

### ENTREGA DE REGALOS

La gente se hace regalos en Navidad como recuerdo de los presentes de los pastores y los Reyes Magos. Los mejores regalos de los niños son, sin duda, los que deja el Niño Jesús.

Maria escribió una carta al Niño Jesús en su ordenador, en la que le pedía un casete y le aseguraba que había sido una niña buena.

Anna buscó un momento en que Maria no pudiera verla para envolver el calendario que iba a regalarle en Navidad.

### LOS REGALOS DEL NIÑO JESÚS

Mientras Maria y Anna están en la iglesia en la víspera de Navidad, creen que el Niño Jesús está visitando su casa para dejarles obsequios. Las dos hermanas están deseando volver a casa y abrir los paquetes cuidadosamente envueltos en papel de regalo.

# Epifanía

COMO MUCHOS OTROS NIÑOS ESPAÑOLES, Alejandra, una niña de once años que vive en Madrid, sólo abre unos pocos regalos en Navidad. Los demás los recibirá en la fiesta de la Epifanía o de los Reyes Magos, que se celebra el 6 de enero. En la víspera de esta festividad, los niños creen que los tres Reyes Magos que llevaron dones al Niño Jesús les traerán también regalos a ellos. En las calles de Madrid se celebra una brillante cabalgata en la que los tres Reyes lanzan caramelos a la multitud de niños congregados en las aceras.

*« Yo entrego mi carta a uno de los pajes de los Reyes. Los pajes suelen recibir las cartas de los niños en los grandes centros comerciales. »*

## ROSCÓN DE REYES
El dulce tradicional de la festividad de los Reyes Magos es el roscón, un bollo de masa dulce con forma de aro. Alejandra y su familia compran el roscón en su panadería la mañana de esta fiesta.

El roscón puede estar relleno de nata o de trufa, y guarda en su interior una sorpresa de la suerte.

La sorpresa de la suerte en el roscón de Alejandra fue una casita de juguete.

Ésta es una copia de la carta que Alejandra escribió a los Reyes el 26 de diciembre. En ella, Alejandra les pidió una muñeca de porcelana, una casa de muñecas y toda una familia de erizos de juguete.

## LA CARROZA DE BALTASAR
El rey favorito de Alejandra es Baltasar. A diferencia de los otros dos reyes, Baltasar no tiene barba. Su carroza era la última de la cabalgata, y tenía la forma de un camello tan enorme que Alejandra apenas si logró ver a Baltasar allá, en lo alto. Se dice que el regalo que Baltasar entregó al Niño Jesús era mirra, un perfume que se pone sobre los cuerpos de los muertos, lo que predecía que Jesús sufriría y moriría.

Mirra

## LA CARROZA DE GASPAR
Al rey Gaspar se le reconoce por su barba y su cabellera de color castaño. Con su túnica de color verde y su magnífica corona de esmeraldas, es el que va en segundo lugar en la cabalgata. El regalo del rey Gaspar fue una resina llamada incienso, lo que indicaba que la gente debería venerar a Jesús.

Incienso

## LA CARROZA DE MELCHOR
Melchor tiene una larga barba blanca y su carroza es la primera de la cabalgata. Su regalo para el Niño Jesús fue oro. El oro está relacionado con los reyes y, para los cristianos, Jesús es el Rey de Reyes. En la cabalgata también desfilan camellos de verdad, que siguen a las carrozas con montones de regalos sobre sus jorobas.

Oro

## EL BELÉN DE ALEJANDRA
Muchas representaciones de Navidad muestran a los pastores y a los Reyes Magos visitando juntos al Niño Jesús. Sin embargo, según la Biblia, estos dos acontecimientos tuvieron lugar por separado. Los Reyes llegaron al pesebre el 6 de enero, y los pastores visitaron al Niño el día de Navidad.

*«El roscón está riquísimo, pero suelo quitarle la fruta escarchada que lleva por encima.»*

# Fiesta de los tres Reyes Magos

Alejandra hizo estas figuritas de José, María y el Niño Jesús en arcilla.

«Envié mi carta a los Reyes el 26 de diciembre, y la mañana del 6 de enero me desperté a las siete en punto. Fui directamente al árbol de Navidad y vi que los Reyes habían venido a casa. Había un montón de regalos, y dos de los vasos de coñac que les había dejado estaban vacíos. Creo que el que no se bebió el suyo fue Baltasar, ya que él no prueba el alcohol.»

*«Estos tres Reyes Magos son de chocolate y... ¡estoy deseando comérmelos!»*

*«Ponemos los zapatos bajo el árbol de Navidad para que los Reyes los rodeen de muchos regalos.»*

*«Los Reyes dejaron una cinta de música en mi zapato.»*

Los zapatos de Alejandra

## TENTEMPIÉS PARA LOS REYES

Al regresar de la cabalgata, Alejandra coloca un par de zapatos bajo el árbol para que los Reyes los llenen de regalos. Y para que cobren fuerzas en la larga y fría noche que les espera, Alejandra deja una copa de coñac y algunas nueces para cada uno de ellos, además de un recipiente con agua para los camellos.

Bolsa de carbón

Nueces

Cuando los niños españoles se portan mal, los Reyes les dejan trozos de carbón de azúcar entre sus regalos.

Mandarina

*«El año pasado me dejaron un poco de carbón, pero no me importó demasiado porque es muy dulce y pude comérmelo.»*

Regalos de Reyes para Alejandra

*«Les pedí unos erizos a los Reyes, pero en su lugar me trajeron estos ositos.»*

# Nuestros viajes

Durante un año entero, Barnabas y yo viajamos a dieciocho países diferentes para seguir la pista de las festividades más famosas que se celebran en el mundo. Desde el exuberante Carnaval de Río de Janeiro hasta la fiesta del N'cwala, en Zambia, hicimos muchos amigos a lo largo del camino, que nos explicaron cuáles eran sus fiestas favoritas y nos dieron a probar sus comidas típicas. El único inconveniente fue el pesado equipo de cámaras que tuvimos que acarrear.

Escribimos este libro en colaboración con el UNICEF. Sus delegados nos presentaron a muchos de los niños que fotografiamos, como M'sangombe, en Zambia. También acercaron a los niños hasta nuestro estudio en su todoterreno.

Para conseguir que se relajase y disfrutase de la sesión fotográfica, Barnabas enseñó a Pratab a fotografiar su color preferido durante el Holi.

*En esta bolsa marrón guardamos los rollos de película. ¡Para este libro empleamos nada menos que 400!*

*Esta caja de cartón contiene el rollo de papel que utilizamos como fondo para fotografiar pequeños objetos, como por ejemplo los alimentos.*

A veces sólo disponíamos de espacios muy reducidos para montar nuestro estudio. Hubo que apretarse mucho durante el Raksha Bandhan, ya que todos los niños del colegio de Suman y Manoj querían ver la sesión de fotografía.

Otras veces no disponíamos del espacio necesario para montar nuestro estudio, y Barnabas tenía que hacer las fotografías en el exterior. Lo pasó fatal mientras fotografiaba a Sonu durante el Divali, y es que las *diye* (lamparitas de arcilla) se empeñaban en apagarse con el viento...

*La lona que nos sirve como telón de fondo en el estudio está dentro de esta bolsa redonda.*

*El UNICEF nos proporcionó estas pegatinas para nuestro equipaje. En muchos países, la gente nos ayudaba porque trabajábamos con esta organización, ya que el UNICEF les ha ayudado a ellos de muchas maneras.*

En Zambia pudimos ver algunos de los formidables trabajos que el UNICEF está realizando para ayudar a los niños.

*En esta pequeña bolsa negra llevo mi ordenador portátil (con el que he escrito este libro) junto con otros objetos valiosos, como los cheques de viaje, las monedas extranjeras, los pasaportes y los pasajes.*

Conocer a los niños fue lo que más me gustó al hacer este libro. Por medio de un intérprete, el mexicano Diego me explicó con detalle en qué consistía el Día de Difuntos.

Durante el Esala Perahera en Sri Lanka llovió tanto que Barnabas tuvo que atarse un paraguas al cuerpo para que no se mojaran las cámaras.

Barnabas se subió al techo de uno de los vehículos del UNICEF para poder ver la ceremonia del N'cwala.

Pratab y Padmini embadurnaron a Barnabas con pintura roja durante el festival del Holi, en la India.

*Los trípodes para sostener la lona que sirve de telón de fondo están en esta bolsa alargada.*

*Los trípodes para los focos se guardan aquí.*

Durante el N'cwala, los niños me enseñaron los nombres de las distintas partes del traje guerrero de los ngoni.

*Esta resistente maleta negra contiene todo el equipo fotográfico de Barnabas. Hay tres cámaras y nueve objetivos diferentes para fotografiar objetos de cerca y de lejos.*

*Ésta es una de las maletas más pesadas. Contiene la caja de la batería para poder encender los focos.*

*Los focos van en estas maletas negras, que son impermeables para proteger su valioso contenido.*

*Ésta es nuestra maleta, en la que guardamos ropa para el frío y para el calor, un botiquín de primeros auxilios, una grabadora para hacer las entrevistas y regalos para los niños. ¡Esto es todo lo que pudimos meter aquí!*

En el Año Nuevo chino, Man Po y su hermanita Hei Po me demostraron así su cariño.

# Calendario de celebraciones

Aquí te recordamos algunas de las fiestas y conmemoraciones más importantes del mundo.

Mandarinas de Hong Kong

Polvo rojo y amarillo para el Holi, en la India

En febrero, M'sangombe celebra el festival del N'cwala, en Zambia.

Cada mes de marzo, Sayo participa en las festividades japonesas del Hina Matsuri.

Las rosas de Matilde para la Fête des Mères

Guaba

Estos pompones se llaman *savaran*.

Ajit es un bailarín *savaran* (o «pompón») en la fiesta budista del Esala Perahera, que se celebra todos los años en Sri Lanka.

Piña de Sri Lanka

## ENERO

- 1 • Día de Año Nuevo
- 6 • Epifanía, Festividad de los Tres Reyes Magos *(cristiana)*
- 12, 13 • Lohri *(hindú)*
- 13, 14 • Makar Sankranti *(hindú)*
- 15, 16 • Pongal *(hindú)*
- 15 • Día de Martin Luther King, Estados Unidos
- 26 • Día de la República, India
- 26 • Día de Australia

Fuegos artificiales de Hong Kong

### ENERO-FEBRERO
Tu Bishvat *(judía)*
Shab e-Barat *(musulmana)*
Basant Panchami *(hindú)*
Año Nuevo chino

## FEBRERO

- 2 • La Candelaria *(cristiana)*
- 3 • Setsubun, Japón
- 6 • Día de Waitangi, Nueva Zelanda
- 11 • Fiesta de la Fundación Nacional, Japón

**FIESTAS MÓVILES**
Festival de Pesca Argungu, Nigeria
Martes de Carnaval *(cristiana)*
Carnaval *(cristiana)*
Mardi Gras *(cristiana)*
Festival de la cosecha N'cwala, Zambia

### FEBRERO-MARZO
Maghapuja *(budista)*
Shivratri *(hindú)*

## MARZO

- 1 • Fiesta de San David, Gales
- 3 • Hina Matsuri, Japón
- 6 • Fiesta Nacional, Ghana
- 17 • Fiesta de San Patricio, Irlanda
- 23 • Fiesta Nacional, Pakistán
- 25 • Fiesta Nacional, Grecia

**FIESTAS MÓVILES**
Hola Mohalla *(sij)*
Holi *(hindú)*
Purim *(judía)*

Krisna, el dios hindú relacionado con el Holi.

### MARZO-ABRIL
Día de la Madre *(cristiana)*
Pascua *(cristiana)*

## JULIO

- 1 • Fiesta Nacional, Canadá
- 4 • Día de la Independencia, Estados Unidos
- 9 • Fiesta Nacional, Argentina
- 14 • Toma de la Bastilla, Francia
- 21 • Fiesta Nacional, Bélgica

### JULIO-AGOSTO
O Bon, Día de Recuerdo de la Familia, Japón
Tishá BeAv *(judía)*

## AGOSTO

- 1 • Fiesta Nacional, Suiza
- 6 • Fiesta Nacional, Bolivia
- 17 • Fiesta Nacional, Indonesia

**FIESTAS MÓVILES**
Esala Perahera *(budista)*
Raksha Bandhan, India
Fiesta de Eisteddfod, Gales

Buda

### AGOSTO-SEPTIEMBRE
Janamashtmi *(hindú)*
Onam *(hindú)*
Ganesa Chaturthi *(hindú)*

## SEPTIEMBRE

- 7 • Fiesta Nacional, Brasil
- 16 • Fiesta Nacional, México
- 18 • Fiesta Nacional, Chile
- 30 • Fiesta Nacional, Botswana

**FIESTAS MÓVILES**
Rosh Hashaná *(judía)*

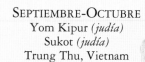

Pastelito de luna de Vietnam

### SEPTIEMBRE-OCTUBRE
Yom Kipur *(judía)*
Sukot *(judía)*
Trung Thu, Vietnam

### FIESTAS ISLÁMICAS
Las fiestas islámicas no tienen fechas fijas, ya que cada año los meses islámicos comienzan once días antes que el año anterior.

Eid al-fitr • Ramadán • Eid al-Adha
Cumpleaños del Profeta Mahoma
Lailat al-Qadr

Suman pone el *tilak* en la frente de Manoj.

Hermanos y hermanas, como Manoj y Suman, se demuestran su amor mutuo en la fiesta india del Raksha Bandhan.

El pastelito de luna de Vân se llama *bánh nuong*.

En otoño, Vân celebra el Trung Thu, la fiesta vietnamita de la luna.

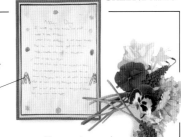

En mayo, Kazu celebra el Kodomono-hi (Día de los Niños) en Japón.

## CALENDARIO DE FESTIVIDADES

Muchas fiestas, por ejemplo las nacionales, tienen lugar el mismo día todos los años. Algunas festividades religiosas se basan en los ciclos de la luna o en antiguos calendarios religiosos, y entonces se celebran en fechas diferentes cada año.

Sophie decoró su redacción para la Flor de Mayo con dibujos muy primaverales.

Flores primaverales de Inglaterra

Sophie celebra la Flor de Mayo en Inglaterra a principios de ese mes.

---

## ABRIL

4, 5 • Fiesta de Ch'ing Ming, Hong Kong
3, 14 • Baisakhi (sij)
4, 15 • Vishu (hindú)
21 • Primer día del Ridvan (behai)
23 • Çocuk Bayrami, Turquía
23 • Día de San Jorge, Inglaterra
29 • Noveno día del Ridvan (behai)

**FIESTAS MÓVILES**
Pascua (judía)
Ram Navami (hindú)

## MAYO

Cometa con forma de carpa de Japón

1 • Flor de Mayo, norte de Europa
2 • Duodécimo día del Ridvan (behai)
3 • Fiesta Nacional, Polonia
5 • Kodomono-hi, Japón
17 • Fiesta Nacional, Noruega
23 • Declaración del Bab (behai)
28, 29 • Ascensión de Baha Allah (behai)

**FIESTAS MÓVILES**
Día de la Ascensión (cristiana)
Fiesta del Cheung Cha Bun, Hong Kong
Fête des Mères (cristiana)

## JUNIO

2 • Día de la República, Italia
6 • Fiesta Nacional, Suecia
12 • Fiesta de la Independencia Rusa
23 • Víspera de San Juan (solsticio de verano)

**FIESTAS MÓVILES**
Corpus Christi (cristiana)
Fiesta del Buque Dragón, China

---

### ABRIL-MAYO
Lag Baomer (judía)

### MAYO-JUNIO
Sabuot (judía)
Visakhapuja (budista)
Pentecostés (cristiana)

### JUNIO-JULIO

---

Corona de Santa Lucía, Suecia

Galletas navideñas

---

## OCTUBRE

1 • Fiesta Nacional, China
9 • Fiesta Nacional, Uganda
12 • Fiesta Nacional, España
12 • Día de Colón
24 • Día de las Naciones Unidas
24 • Fiesta Nacional, Zambia
26 • Fiesta Nacional, Austria
31 • Halloween

**FIESTAS MÓVILES**
Dussehra (hindú)
Simhat Torá (judía)
Acción de Gracias (segundo lunes de octubre), Canadá

## NOVIEMBRE

1 • Fiesta de Todos los Santos (cristiana)
2 • Día de las Ánimas (cristiana)
1, 2 • Día de Difuntos (cristiana)
5 • Día de Guy Fawkes, Reino Unido
30 • Fiesta de San Andrés, Escocia

**FIESTA MÓVIL**
Acción de Gracias (cuarto jueves de noviembre), Estados Unidos

Diya de India

## DICIEMBRE

6 • Fiesta Nacional, Finlandia
6 • Fiesta de San Nicolás (cristiana)
9 • Fiesta Nacional, Tanzania
12 • Fiesta Nacional, Kenia
13 • Fiesta de Santa Lucía (cristiana)
24 • Nochebuena (cristiana)
25 • Fiesta de Navidad (cristiana)
26 • Fiesta de San Esteban (cristiana)
31 • Nochevieja

**FIESTAS MÓVILES**
Hanuká (judía)
Kwanzaa (fiesta afroamericana de la cosecha)

---

### OCTUBRE-NOVIEMBRE
Divali (hindú/sij)
Nacimiento del gurú Nanak's (sij)

### NOVIEMBRE-DICIEMBRE

### DICIEMBRE-ENERO

---

Isabel celebra la festividad judía del Hanuká en diciembre.

Isabel sostiene el candelabro o hanukiya de su familia.

A Maria y a su hermana les gusta cantar villancicos para celebrar la festividad cristiana de Navidad en diciembre.

El villancico preferido de Maria es Noche de paz.

Karin celebra la fiesta de Santa Lucía, la festividad sueca de la luz, en diciembre.

Corazón de pan de especias para adornar el árbol de Navidad en la casa de Maria.

# Índice alfabético

# Agradecimientos

Barnabas y Anabel expresan su gratitud a:
Todos los niños y padres que colaboraron en el
libro; nuestro equipo especial formado por Fiona
Robertson y Rebecca Johns, Rachel Beaugie;
Robert Smith de UNICEF, UK Committee;
Priscilla y James Chow; Tim Chung; Mrs. Haynes
de la Escuela Primaria Northill; Theo Thomas;
Joseph M. Mahase, Anoja Wijesekera de UNICEF,
Sri Lanka; Mr. Beddewela, Farahab Rahman, Helga
y todos en The Chalet; Swamy Saraswathy; Uncle,
Aunty y Mythili; Sunisha en Mobile Crèches;
Bikram Grewal; Rima Salah, Rodney Hatfield,
Mr. Nguyen Tinh, Dr. Tinh, Sandy Blanchet de
UNICEF, Vietnam; Beth Berton-Hunter, Barbara
Strang de UNICEF National Committee, Canadá;
Vicky Dorosch, Sue Chaiton, Suzanne Hollsworth
de Fenn Publishing; Rafael Enríquez de UNICEF,
México; Miguel A. Núñez; Maurizio y Juana
Dolores; Ranjit Singh; Allison Devlin, Julia Beck,
Nancy Lieberman en DK Inc.; Peter y Maria
Hroziencik; Magdalena Fazekasova en Perfekt;
Sandra Nováková, Bratislava; Camilla Andersson
de UNICEF Comité National, Suecia; Elisabeth
Brundin del Nordic Museum, Estocolmo; Käppala
Skola, Suecia; Irmagard Schmatz de SDK; Soledad
y Marga Arthurs de UNICEF Madrid; Sylvie y
Jacques y los niños; Katherine Kindersley; Ángela
Álvarez Matheus de UNICEF, Río de Janeiro;
Marta Lima, Ángela Melim; Nancy Lo de
UNICEF, Hong Kong; Jalal al Azzeh de UNICEF,
Jordania; Issam y Fatimah Mihyar; Mark Stirling,
Claire Blenkinsop, Zarina Geloo, Damiano de
UNICEF, Zambia; Akihiko Morita, Yumiko Aoki
de UNICEF Comité National, Tokyo y Osaka;
Praamit Chanda (DKFL, India), Prithvi Singh y su
familia, Jaipur; Richard y Fatima Reid, Estambul;
Alanor Olali de UNICEF Comité National,
Turquía, Göver Sünerin, Necdet Kaygin;
Maria Chordi y familia, Richard Pankhurst,
Konjit Seyoum, Alula Pankhurst; Clive;
¡todos los niños que compraron el otro libro
y nos permitieron hacer éste!